Coaching und Gesellschaft

Robert Wegener · Michael Loebbert
Agnès Fritze
Herausgeber

Coaching und Gesellschaft

Forschung und Praxis im Dialog

Herausgeber
Robert Wegener
Institut Berat., Coach. u. Soz.man.
Fachhochschule Nordwestschweiz
Olten, Schweiz

Michael Loebbert
Institut Berat., Coach. u. Soz.man.
Fachhochschule Nordwestschweiz
Olten, Schweiz

Agnès Fritze
Institut Berat., Coach. u. Soz.man.
Fachhochschule Nordwestschweiz
Olten, Schweiz

ISBN 978-3-658-09635-9 ISBN 978-3-658-09636-6 (eBook)
DOI 10.1007/978-3-658-09636-6

Die Deutsche Nationalbibliothek verzeichnet diese Publikation in der Deutschen Nationalbibliografie; detaillierte bibliografische Daten sind im Internet über http://dnb.d-nb.de abrufbar.

Springer
© Springer Fachmedien Wiesbaden 2016
Das Werk einschließlich aller seiner Teile ist urheberrechtlich geschützt. Jede Verwertung, die nicht ausdrücklich vom Urheberrechtsgesetz zugelassen ist, bedarf der vorherigen Zustimmung des Verlags. Das gilt insbesondere für Vervielfältigungen, Bearbeitungen, Übersetzungen, Mikroverfilmungen und die Einspeicherung und Verarbeitung in elektronischen Systemen.
Die Wiedergabe von Gebrauchsnamen, Handelsnamen, Warenbezeichnungen usw. in diesem Werk berechtigt auch ohne besondere Kennzeichnung nicht zu der Annahme, dass solche Namen im Sinne der Warenzeichen- und Markenschutz-Gesetzgebung als frei zu betrachten wären und daher von jedermann benutzt werden dürften.
Der Verlag, die Autoren und die Herausgeber gehen davon aus, dass die Angaben und Informationen in diesem Werk zum Zeitpunkt der Veröffentlichung vollständig und korrekt sind. Weder der Verlag noch die Autoren oder die Herausgeber übernehmen, ausdrücklich oder implizit, Gewähr für den Inhalt des Werkes, etwaige Fehler oder Äußerungen.

Gedruckt auf säurefreiem und chlorfrei gebleichtem Papier

Springer Fachmedien Wiesbaden ist Teil von Springer Nature
Die eingetragene Gesellschaft ist Springer Fachmedien Wiesbaden GmbH

Inhaltsverzeichnis

Dank VII

Geleitwort von Siegfried Greif XI

Coaching und Gesellschaft – Einleitende und einladende Gedanken 1
Robert Wegener, Michael Loebbert und Agnès Fritze

Unruhe stiften: Coaching als Medium und Form 9
Dirk Baecker

Third Generation Coaching –
Ein Plädoyer für die Weiterentwicklung einer Dialogform 25
Reinhard Stelter

Die Bewertung von Coaching-Prozessen als ethische Herausforderung .. 49
Harald Geißler

Beratung und soziale Selbstreflexivität –
Zur Soziogenese eines neuen Kulturmusters 75
Beate Fietze

Coaching im Kontext der Organisation 93
Michael Loebbert, Louis Klein und Markus Rettich

Gott schuf den Menschen, und der formt sich selbst:
Coaching neu gedacht 109
Jesus Hernandez Aristu

Zeigt Führungskräfte-Coaching Wirkung?
Und wenn ja, wie wirkt es? 129
Nadine Page und Erik de Haan

Coaching als Chance oder Zwang:
ein bilanzierendes Schlusswort 145
Marianne Hänseler

Dank

Der vorliegende Band »Coaching und Gesellschaft. Forschung und Praxis im Dialog« besteht aus Beiträgen zum dritten internationalen Coachingkongress »Coaching meets Research ... Coaching in der Gesellschaft von morgen«, der von der Hochschule für Soziale Arbeit der Fachhochschule Nordwestschweiz FHNW organisiert und im Juni 2014 in Olten/Schweiz durchgeführt wurde. Für die Bereitschaft, sich konzeptionell an den Anforderungen der Herausgebenden zu orientieren, danken wir den Autorinnen und Autoren ganz herzlich.

Wir danken ferner den folgenden Partnern für ihre Unterstützung, die den Kongress und diese Publikation erst ermöglicht hat:

Hauptsponsoren

- Berufsverband für Coaching, Supervision und Organisationsberatung BSO Schweiz
- Böning-Consult GmbH, Frankfurt
- Coachingzentrum Olten
- European Mentoring & Coaching Council Schweiz
- Föderation der Schweizer Psychologinnen und Psychologen
- International Coach Federation Schweiz
- Karlsruher Institut für Coaching in Kooperation mit Prof. Dr. Geißler

Hochschulpartner

- Ashridge Business School
- Coaching Psychology Unit, NEXS, University of Copenhagen

- Hochschule für Wirtschaft FHNW
- Oxford Brookes University
- Zürcher Hochschule für Angewandte Wissenschaften Departement Angewandte Psychologie

Medienpartner

- Coaching-Magazin
- Magazin Training
- MWOnline
- Organisationsberatung, Supervision, Coaching
- Springer

Unternehmenspartner

- CoachingSpaces
- Curaviva Weiterbildung
- Institut für Systemische Impulse, Entwicklung und Führung
- MDOb an der Management School der Universität Kassel
- permitto Schweiz AG
- Trigon Entwicklungsberatung

Verbandspartner (* = Mitglied des Roundtable der Coaching-Verbände)

- Association des Psychologues du Travail et des Organisations en Suisse romande
- Deutscher Bundesverband Coaching e. V.*
- Deutscher Coaching Verband e. V.*
- Deutsche Gesellschaft für Coaching e. V.*
- Deutsche Gesellschaft für Supervision e. V.*
- Deutsche Gesellschaft für Systemische Therapie, Beratung und Familientherapie e. V.
- European Association for Supervision and Coaching e. V.*
- European Mentoring & Coaching Council Deutschland*
- Fachgruppe Wien Unternehmensberatung und Informationstechnologie

Dank

- Österreichische Vereinigung für Supervision
- Swiss Coaching Association

Ein herzlicher Dank geht an Cheryl Meyer, die als unterstützende Fachkraft zur Entstehung dieses Buches maßgeblich beigetragen hat. Ein großer Dank geht auch an Christoph Gassmann, der das Manuskript mit kritischem Blick, inhaltlichem Flair und großer Sorgfalt lektoriert und korrigiert hat. Nicht zuletzt danken wir dem Springer Verlag und insbesondere Frau Eva Brechtel-Wahl und Frau Sonja Trautwein für die kompetente Begleitung.

Geleitwort von Siegfried Greif

Coaching bedient eine zunehmende Individualisierung in den westlichen Gesellschaften. Selbstbewusste Individuen holen sich Coaches als Reflexions- und Diskurspartnerinnen und -partner für ihre persönlichen Zielsetzungen. Unternehmen (an)erkennen die interindividuellen Unterschiede ihrer Führungskräfte und Mitarbeitenden und ermöglichen durch Einzelcoaching individuell angepasste, selbstgesteuerte Verhaltensänderungen. Wenn Coaches die Individualisierung in der Gesellschaft jedoch lediglich als willkommene Nachfrage für das eigene Geschäft nutzen und dabei die beteiligten komplexen gesellschaftlichen Entwicklungen und Zusammenhänge unberücksichtigt lassen, bleibt ihr Coaching oberflächlich und verkürzt.

Die Klientinnen und Klienten stellen oft selbst Bezüge zu aktuellen gesellschaftlichen Entwicklungen her, wenn sie über eine schwierige wirtschaftliche Situation ihres Unternehmens und ihrer beruflichen Perspektive sprechen, wenn sie organisationale Veränderungen mit ungewissen Risiken thematisieren, wenn sie über Zeitdruck und Mehrarbeit klagen, die sie als Arbeit und Belastung mit nach Hause in ihre Familie nehmen, und wenn sie fragen, woran sie sich orientieren können, wenn sich frühere Traditionen, Regeln und Normen auflösen und wenn sie bei der Suche nach dem Sinn ihres Lebens individuell auf sich selbst zurückgeworfen werden. Soziologinnen und Psychologen analysieren diese gesellschaftlichen und individuellen Entwicklungen unterschiedlich, aber aufeinander beziehbar als Konsequenz des globalen Wettbewerbs, der komplexen oder hyperkomplexen posttraditionellen Risikogesellschaft und der Beschleunigung ihrer Veränderungsdynamiken und ihrer Unvorhersehbarkeit. Coaching ist ein wichtiger Ort, der es ermöglicht, über diese gesellschaftlichen Entwicklungen und über sich selbst ergebnisorientiert zu reflektieren. Mehrere Beiträge stellen in Anlehnung an den Soziologen Anthony Giddens die grundlegende Bedeutung der Selbstreflexivität für komplexe Gesellschaften heraus.

Die Autorinnen und Autoren diese Buchs nehmen verschiedene Facetten des Themas »Coaching und Gesellschaft« auf und vertiefen sie. Die aufgeworfenen Fragen werden auf der Grundlage unterschiedlicher Wissenschaftsrichtungen, Fachdisziplinen und Einzeltheorien analysiert und diskutiert. Das Buch enthält einen Diskursbeitrag mehrerer Autoren und eine Zusammenschau als Abschluss, in der solche Unterschiede angesprochen werden. Das Thema »Coaching und Gesellschaft« ist ein außerordentlich weites Feld. Das Buch ist ein anspruchsvoller und interessanter Anfang des für die Coaching-Profession grundlegenden Diskurses. Es ist wichtig, es zu lesen und sich an diesem Diskurs zu beteiligen – wichtig, um für die eigene gesellschaftliche Rolle als Coach und im Interesse der Klientinnen und Klienten tiefere Einsichten in die komplexen Entwicklungszusammenhänge zu gewinnen.

Mai 2016
Siegfried Greif

Coaching und Gesellschaft

Einleitende und einladende Gedanken

Robert Wegener, Michael Loebbert und Agnès Fritze

Coaching wird in dieser Publikation in ein Verhältnis zu Gesellschaft gesetzt. Darin unterscheidet sich unser Vorhaben von anderen Perspektiven, die sich an Personen und ihren Interaktionen in Organisationen orientieren.

Coaching als sich weiter verbreitende Beratungsform – im Radio haben wir gerade die Wortschöpfung »Flüchtlingscoaching« gehört – antwortet in bestimmter Weise auf die Herausforderungen moderner, zugleich komplexer und individualisierter Gesellschaften (vgl. den Aufsatz von Dirk Baecker in diesem Band). So ist auch das Beispiel des Flüchtlingscoachings ein Hinweis darauf, dass sich die Leistung, das eigene Handeln und Leben zu orientieren und zu steuern, zunehmend von den klassischen Institutionen der Sinnerzeugung, wie Religion, staatlichen Organisationen und auch Unternehmen, hin zum Individuum als Subjekt seines Handelns und seiner Lebensgestaltung verschiebt. Herkömmliche Autoritäten, die vorgaben, was richtig und zu tun ist, fallen nicht nur aus, sondern sind sogar dysfunktional. Nur die individuelle Orientierungsleistung kann Komplexität handhabbar machen. Das gilt besonders auch für Flüchtlinge. Sie können in einer modernen Gesellschaft letztlich nur selbst die nächsten Schritte ihrer Lebens- und Arbeitsbiografie formulieren.

Der Ansatz von Coaching am Subjekt, an seiner Selbststeuerung und Selbstwirksamkeit, ist radikal und unumgänglich. Radikal, weil mit den Vorstellungen der Aufklärung von der Autonomie des Subjekts ernst gemacht wird. Unumgänglich, da nur die Zumutung von Autonomie unsere Unternehmen und sozialen Versorgungssysteme in einer komplexen Gesellschaft auf Dauer leistungsfähig erhalten kann. Coaching wird zum Paradigma einer entwickelten Gesellschaft für das Verständnis von Beratung und Hilfe: Beratung für die Entwicklung von Selbststeuerung bedeutet Hilfe zur Selbsthilfe. Darin liegt zugleich das Innovative an Coaching: Es verändert und entwickelt herkömmliche Verständnisse von Beratung und Hilfeleistung. Managementberatung, Sozialberatung, ja selbst medizinische und psychologische Therapie werden mit Coaching für Klientinnen und Klienten, Patientinnen und Patienten selbst steuerbar, sind in ihre Verfügung gestellt. Menschen sind erfolgreicher, werden schneller gesund, finden leichter eine neue Arbeit, wenn sie sich als selbstwirksam und selbstgesteuert wahrnehmen. Dafür gibt es vielfältige empirische Evidenz. Die Leistungsfähigkeit von Sporttreibenden, von Menschen in Unternehmen, von Empfängerinnen und Empfängern sozialer und medizinischer Unterstützungen wird bei ihrem Subjekt adressierbar. Coaching als Beratungsform für individuelle Selbstreflexion und erfolgreiche Handlungssteuerung gewinnt *deshalb* in vielen Bereichen an Bedeutung. Sport-Coaching, Business-Coaching, Executive-Coaching, Job-Coaching, Erziehungscoaching, Gesundheitscoaching und eben auch Flüchtlingscoaching sind nicht einfach inflationäre Erscheinungen von Coaching-Pop. Wenn Coaching zum Regelangebot in staatlich finanzierten Dienstleistungen wie Schule und soziale Hilfe wird, ist das aus unserer Sicht Anzeichen und Merkmal eines sich verändernden Verständnisses von Beratung, ja von Unterstützung, Hilfe einerseits, Lernen und Entwicklung andererseits.

Für Organisationen und Unternehmen wie Kliniken, Verwaltungen, soziale Organisationen und Wirtschaftsunternehmen bedeutet das, dass sie sich ihrerseits mit Coaching auseinandersetzen müssen, um die Mitgestaltung der modernen Gesellschaft nicht zu verpassen. Für Management und Führungsverantwortung ist das eine mindestens bedenkenswerte Nachricht. Da Coaching im Sinne gegebener Handlungskalküle wie Planung, Strategie und Organisation nicht steuerbar ist – Fokus von Coaching ist die Selbststeuerung des Subjekts –, sind die Autonomie des Subjekts und die globale Gesellschaft die entscheidenden Bezugspunkte: Das Subjekt selbst steuert sich und seine Leistungsbeiträge zuerst und zunächst im Verhältnis zum eigenen Verständnis seiner gesellschaftlichen Herausforderungen, sei es, Geld zu verdienen, eine Familie zu ernähren, Beiträge zum Gemeinwesen zu gestalten, ein Bildungsziel zu erreichen oder eben ein Unternehmen voranzubringen. Klassische Vorstellungen von Kommandieren und Kontrollieren funktionieren in Organisationen und Unternehmen nicht mehr und führen in einer komplexen Welt nicht mehr zum Erfolg. Coaching wird zur Arbeitsform der Wahl für die Beratung von Patienten und Patientinnen, für die Jugendhilfe genauso wie für Personalentwicklung und immer mehr auch für die Unterstützung von Bildungsprozessen in Schulen und Universitäten. Management und Führung müssen selbst coachende Funktionen übernehmen, wo die klassischen Planungsinterventionen ausfallen oder in den Hintergrund rücken.

Das alles beinhaltet und befördert auch Schattenseiten der Überforderung von Einzelnen, der Verantwortungsverschiebung, der Selbstabsolution von Führung, der Entpolitisierung von Wirtschaft und Gesellschaft: Coaching hat seine Grenze, wenn reale Handlungsspielräume, vorhandene Ressourcen und Kompetenzen, Anforderungen und Aufträge für Coaching auseinanderfallen. Nicht jeder Sportler kann durch Coaching zum Spitzensportler werden, nicht jeder Arbeitslose findet mit Coaching eine Stelle, kranke und psychisch beeinträchtigte Personen lernen vielleicht mit Coaching nur, mit ihren Herausforderungen besser umzugehen. Coaching setzt die organisationalen und politischen Steuerungssysteme nicht außer Kraft, es ist kein Treibsatz einer liberalistischen Utopie. Coaching ist aber in einen Rahmen gestellt und verlangt selbst diesen Rahmen der Entwicklung und Verbesserung von Gesellschaft, der Entwicklung und Verbesserung von Unternehmen und sozialen Organisationen, welche die Autonomie des Subjekts in den Mittelpunkt stellt. In diesem Sinne wird Coaching als Handlungsform für Beratung und Hilfe selbst zu einer Kraft gesellschaftlicher Entwicklung.

Wir können empirisch nicht belegen, inwieweit und in welchem Ausmaß Coaching ein Faktor für gesellschaftliche Entwicklung ist. Die weltweite Ausbreitung von Coaching, das Auftreten global agierender Berufsverbände, der weltweite Dialog von Praxis und Wissenschaft, der Einsatz von Coaching in global agierenden Unternehmen und Organisationen sind aber Indizien dafür, das Coaching ein wichtiger Faktor ist. Wir wissen auch nicht, ob, wo Coaching draufsteht, wirklich Coaching drin ist. Und wir wissen nicht, in welchem Maß Unternehmen und Organisationen tatsächlich Coaching als Arbeitsform, bei der es um Beratung und Hilfe geht, etablieren. Diese Fragen sind und bleiben weiterhin spannend.

Das vorliegende Fachbuch »Coaching und Gesellschaft. Forschung und Praxis im Dialog« lädt dazu ein, dem Spannungsbogen von Coaching und der Entwicklung von Gesellschaft ein Stück weit zu folgen. Konkret angesprochen sind neben Coaches, Wissenschaftlerinnen und Coaching-Weiterbildnern auch Auftraggebende für Coaching und Coaching-Programme in Unternehmen, Organisationen und Politik.

Wir knüpfen an die Ergebnisse des internationalen Coachingkongresses »Coaching meets Research ... Coaching in der Gesellschaft von morgen«[1] an, der im Juni 2014 von der Fachhochschule Nordwestschweiz FHNW in Olten durchgeführt wurde. Das hier vorliegende Fachbuch will den thematischen Kern des Verhältnisses von Coaching und Gesellschaft weiter ausloten. Dazu haben wir renommierte

---

1 www.coaching-meets-research.ch.

Autorinnen und Autoren aus unterschiedlichen Fachgebieten und kulturellen Hintergründen eingeladen. Das Verhältnis zwischen Gesellschaft als entscheidender Referenz für die Entwicklung und weitere Etablierung von Coaching einerseits und Coaching als Beitrag an die Entwicklung und Gestaltung von Gesellschaft andererseits steht im Fokus der Buchbeiträge.

Inhaltlich besteht das Buch aus sieben Beiträgen, die das Verhältnis von Coaching und Gesellschaft in unterschiedlicher Weise aufgreifen.

Im Beitrag von *Dirk Baecker* wird »Unruhe« als Merkmal eines Lebensgefühls und zugleich als Leitmetapher zur Beschreibung moderner Gesellschaft aufgegriffen. Aus soziologischer Sicht dient Coaching darin der Bewältigung und ist zugleich Treiber der Unruhe. Dieses Paradox ist Anlass und Herausforderung für Coaching. Und Coaching wird, so Baecker, darin selbst zu einem Medium der Entwicklung von Gesellschaft.

Reinhard Stelter entfaltet in seinem Beitrag die Argumentation für ein Third Generation Coaching. Verändert sich Gesellschaft, so muss sich auch Coaching verändern. Argumentationsgrundlage dabei ist die Annahme einer zunehmend »hyperkomplexen« Gesellschaft respektive zunehmend »hyperkomplexer« sozialer Zusammenhänge sowie einer damit verbundenen Suche nach festen Bezugspunkten. Als Konsequenz werden Coach und Coaching-Partner als »Mit-Menschen« gedacht. Dialoge fokussieren auf Werte und Sinnschaffen und haben die Entwicklung einer »neuen Dialogkultur« zum Ziel.

Harald Geißler thematisiert die Tatsache, dass die Bewertung von Coaching-Prozessen immer auch normative Aspekte beinhaltet. Die Gefahr der Instrumentalisierung erscheint, sobald es um Sollvorstellungen geht. Damit entsteht eine ethische Problematik. Der Artikel zeigt mögliche Auswege und Lösungen auf: (a) die Fassung von Coaching als pädagogische Praxis und ihre bildungstheoretische Reformulierung, (b) die Bewertung selbst als Praxis zu verstehen und darin ethisch zu reflektieren und (c) Bewertung in den Rahmen von Supervision zu stellen und darin auch ethisch zu verorten.

Beate Fietze entfaltet in ihrem Beitrag die These, dass die gesellschaftlichen Veränderungen der letzten dreißig Jahre, der beschleunigte soziale Wandel und die damit einhergehende Komplexitätssteigerung in der Figur der sozialen Selbstreflexivität ein neues Kulturmuster hervorgebracht haben, eine Selbstreflexivität, in der das Individuum sein soziales Bezugssystem in seine Selbstwahrnehmung mit einbezieht. Die Autorin analysiert, dass diese Entwicklung eng mit einem wachsenden Beratungsbedarf, mit der Ausdifferenzierung neuer Beratungsformen gekoppelt ist und dass sich diese in einem veränderten Beratungsverständnis niederschlagen.

Im Nachklang zum Kongress ist *Michael Loebbert* mit *Louis Klein* und *Markus Rettich* in einen Dialog getreten. Ihr Gespräch führt sie in einen kritischen

Diskurs zur Bedeutung von Organisation für das Verhältnis von Coaching und Gesellschaft. Ausgehend von der Organisation als Kontext von Coaching, über das Verhältnis von in einer Organisation arbeitenden Individuen und der sich ständig verändernden Organisation, den Nutzen von Coaching für Individuum und Organisation selbst, bis hin zu Fragen von Werten und Politik, wird Coaching infrage gestellt.

Im Sinne einer »Re-Renaissance« rückt *Prof. Dr. Jesus Hernandez Aristu* Coaching an den gedanklichen Ausgangspunkt der Entdeckung des Individuums in der Renaissance. Die Aufgabe von Coaching besteht darin, den Menschen als Individuum in seiner Bewusstseinserweiterung zu unterstützen. Gesellschaft kommt darin als »Du«, als konkrete Interaktion und als Dialog von Menschen in den Blick. Das bedeutet für das Selbstverständnis des Coaches, immer auch als Mensch und Mitmensch ansprechbar zu sein.

Der letzte Beitrag von *Nadine Page* und *Erik de Haan* geht noch einen Schritt weiter. Wenn für Coaching nicht nur eine wachsende Verbreitung, sondern auch zunehmende gesellschaftliche Bedeutung zu verzeichnen ist, sollten Wirksamkeit und Ergebnisse von Coaching kritisch diskutiert werden können. Die Autorin und der Autor fassen die Forschungslage, einschließlich ihrer eigenen, der weltweit größten empirischen Studie, zusammen und ziehen Schlussfolgerungen für die weitere Entwicklung von Coaching.

Den Ausklang der vorliegenden Publikation bildet eine Zusammenschau der Beiträge aus der Feder von *Marianne Hänseler*. Indem sie die zentralen Thesen und Themen der vorliegenden Beiträge zueinander ins Verhältnis setzt und kontrastiert, wird neben den unterschiedlichen Perspektiven auch ein gemeinsamer Tenor deutlich: Coaching muss als selbstreflexives, relationales und handlungsorientiertes Beratungsformat weiterentwickelt und noch klarer positioniert werden, damit es den Menschen und der Entwicklung von Gesellschaft dienen kann.

Über die Herausgeber

Agnès Fritze, Prof., lic. phil. I, dipl. Sozialarbeiterin und Coach, Professorin und Leiterin des Instituts Beratung, Coaching und Sozialmanagement, Hochschule für Soziale Arbeit, Fachhochschule Nordwestschweiz FHNW, Olten. Arbeits- und Forschungsschwerpunkte: Sozialmanagement und Social-Impact-Modell (SIM), Gestaltung und Vermittlung an Übergängen zwischen „Wissenschaft/Theorie" und „Praxis" oder „Praxis und Bildung".
E-Mail: agnes.fritze@fhnw.ch

Michael Loebbert, Dr., Executive Coach und Organisationsberater. Programmleitung, Lehre und Supervision in den Coaching Studies an der Hochschule für Soziale Arbeit, Fachhochschule Nordwestschweiz FHNW. Coaching und Supervision für Beratung. Einschlägige Veröffentlichungen zu Beratungs- und Managementthemen (Professional Coaching, Kultur und Veränderungsprozesse Führen, Storymanagement). Mitherausgeber des „International Journal of Mentoring and Coaching", 15 Jahre Führungserfahrung in Bildungs- und Beratungsunternehmen.
E-Mail: michael.loebbert@fhnw.ch, Internet: www.coaching-studies.ch

Robert Wegener, MA/MA, Coach. Seit 2008 wissenschaftlicher Mitarbeiter im Schwerpunkt Coaching des Instituts Beratung, Coaching und Sozialmanagement der Hochschule für Soziale Arbeit, Fachhochschule Nordwestschweiz FHNW. Seit 2010 Leiter des Internationalen Coachingkongresses »Coaching meets Research...«. Forschung zu E-Coaching und bedeutsamen Momenten im Coaching. Mitherausgeber u.a. von „Bewertung von Coachingprozessen" (2015/gemeinsam mit Geissler) und „Coaching-Praxisfelder" (2016, 2. Aufl./gemeinsam mit Loebbert/Fritze) sowie Verfasser diverser Fachartikel zu Coaching.
E-Mail: robert.wegener@fhnw.ch, Internet: www.coaching-meets-research.ch

Unruhe stiften: Coaching als Medium und Form

Dirk Baecker

1 Die individualisierte Gesellschaft

Aus den Kinderschuhen eines Instruments der Karriereplanung für Führungskräfte in Industrie, Politik, Sport und Kirche ist das Coaching herausgewachsen. Seine Aufgabe besteht nicht mehr nur darin, ein offenes Wort dort zu fördern, wo es andernfalls kaum noch vorkommt. Seine Funktion reicht über die Beobachtung und Begleitung strategischer Optionen der Entkopplung von Individuum und Organisation hinaus, so wichtig diese Entkopplung bleibt, und betrifft eine weit über die Organisation hinaus individualisierte Gesellschaft. Coaching bringt eine individualisierte Gesellschaft in der Organisation zur Geltung und trägt die Erfahrung, die dabei gesammelt wird, wieder hinaus in die Gesellschaft.

Wie rechnet man mit Individualität, fragt Maren Lehmann (2011)? Das Coaching stellt und beantwortet diese Frage. Es stellt sie im Medium der Unruhe, die

---

Prof. Dr. Dirk Baecker (✉)
Universität Witten/Herdecke, Fakultät für Kulturreflexion – Studium fundamentale,
Witten, Deutschland
E-Mail: Dirk.Baecker@uni-wh.de

es stiftet. Die Unruhe ist beides, Frage und Antwort. Sie betrifft den Coachee, den Coach und die sich gleichsam selber coachende Gesellschaft.[1] Coaching hat die gesellschaftliche Funktion, die Unruhe des Individuums zu ermutigen, aufzufangen und auf der Ebene der Anerkennung dieser Unruhe dynamisch zu stabilisieren.

2 Wie konnte das passieren?

Aus der Soziologie ist bekannt, dass sich die Struktur der modernen Gesellschaft nicht mehr primär in sozialen Schichten und Klassen abbilden lässt – so sehr es diese statistischen Einheiten noch gibt, und nicht nur statistisch als ein wie immer informatives oder irreführendes Bild ihrer Vielfalt, sondern auch selektiv handlungsorientierend. Immerhin hilft die Statistik dabei, zu wissen, in welche Kategorien die eigenen Absichten und Handlungen passen und in welche nicht. In jeder einzelnen Situation jedoch und für jedes einzelne Individuum hilft die Statistik nicht weiter, und sei es nur, weil sie auf Einzelfälle nicht zutrifft, sondern nur artifiziell abgegrenzte Mengen von Einzelfällen beschreiben kann. Zu wissen, dass man eine »höhere Angestellte« ist, hilft nicht bei Berufs-, Einkaufs- und Heiratsentscheidungen, so sehr man dann auch davon überrascht ist, dass man tut, was auch andere in vergleichbaren Fällen tun. Bewegt man sich deswegen in sozial determinierten Verhältnissen? Der eigene Eindruck stimmt damit zuweilen durchaus überein; und doch trifft man Entscheidungen, die sich eher aus der Situation als aus der Struktur ergeben. Zutreffender als die statistische Beschreibung der Gesellschaft ist daher ihre Beschreibung als prinzipiell »individualisierte« Gesellschaft. Die Individuen kann man zählen und so als untereinander identische »Einheiten« setzen. Zugleich jedoch bleiben sie Individuen, das heißt: im Prinzip autonom. Die moderne Gesellschaft ordnet sich daher nicht statistisch, sondern mit Blick auf das Individuum *als Adresse und Akteur medialer Kommunikation* (Parsons, 1980; Beck, 1986, S. 121ff. und 205ff.; Luhmann, 1987, 1989). Das Individuum nimmt

---

1 Wir belassen es bei dieser Begrifflichkeit, obwohl sie umstritten ist. Der Coach ist der Betreuer, der Coachee sein Kunde oder Klient. Das Wort »Kunde« bedeutete ursprünglich »Bekannter« und »Zeuge«, das Wort »Klient« »Anhänger« oder »Schützling«. Beides trifft nicht, worum es geht. Wolfgang Looss schlägt vor, vom »beraterischen Gesprächspartner« zu reden (E-Mail vom 21. April 2015; vgl. auch Looss, 2001 [1991]). Entscheidend ist eine Beziehung der Abhängigkeit, die darauf zielt, den Coachee eine Subjektivität entdecken zu lassen, die nicht zuletzt darin besteht, Beziehungen der Abhängigkeit mitgestalten zu können. Das kann mit therapeutischen Eingriffen einhergehen, kann auch etwas mit Schulung und Training zu tun haben, darf darauf jedoch nicht reduziert werden.

nicht mehr qua Schicht- oder gar Stammeszugehörigkeit an der Gesellschaft teil, ist nicht mehr hinreichend bestimmt durch Geburt, Herkunft und Familie, sondern kann und muss seine eigenen Wege finden, mit Macht, Geld, Glauben, Recht, Kunst und Wahrheit, Interaktion und Organisation zurechtzukommen. Auch das kann man zählen und bleibt doch schon deswegen individuell, weil die Zuordnungen von Individuen zu verschiedenen Medienkonstellationen untereinander nicht kohärent aggregiert werden können. Man kann in bestimmten Medienwerten, etwa Macht oder Reichtum, Spitzenwerte erreichen, ohne in anderen, etwa Frömmigkeit oder Bildung, auch nur Mittelmaß zu sein.

Die moderne Gesellschaft funktioniert daher anders als die traditionelle Gesellschaft. Stämme, Stände und Familien können individuelle Ausfälle verkraften, ebenso Interaktionen, Organisationen und Funktionssysteme (Simmel, 1992; Goffman, 1956); aber in einer dynamisch temporalisierten, also in Ereignissen und ihrer Verknüpfung formatierten, auch »flüssig« (Bauman, 2000) genannten, jedoch nicht »flüchtigen« (Bauman, 2003), sondern eher aufdringlich herausfordernden Moderne steht und fällt jede Kommunikation damit, dass ein Individuum sie sich zu eigen macht, sich als Akteur adressieren lässt und Verantwortung für Entscheidungen übernimmt: als Konsument, Wähler, Lebensgefährte, Kunstbetrachter, Glaubender, Rechtssubjekt, Patient und Freizeitsportler. Zahlungen, kollektiv bindende Entscheidungen, Wahrheitsansprüche, Glaubensakte, Jaworte, Kunstgenuss usw. usf. erfordern Individuen, die sie tätigen und sich angesprochen fühlen. Flüchtig ist in dieser Hinsicht nicht die Moderne, sondern jedes einzelne Ereignis, aus dem sie sich zusammensetzt.

Das setzt das Individuum unter Druck. Einmal nicht aufgepasst, und die Gelegenheit ist vorbei. Unruhig muss sich das einzelne Individuum nicht nur mit der Wahl des passenden Mediums auseinandersetzen – ohne je davon gehört zu haben; unruhig muss es auch befürchten, nicht den passenden Moment, den passenden Tonfall, den passenden Partner gefunden zu haben. Unsere deswegen so genannte soziale und emotionale Intelligenz hilft uns hier zwar häufig weiter, aber dass diese Intelligenz uns bewusst nicht zur Verfügung steht, kann streng genommen nicht unbedingt zur Beruhigung beitragen.

3   Im Medium des Coachings

Diese Individualisierung der Gesellschaft ist das Medium des Coachings. Das Coaching greift die Unruhe des Individuums auf und verstärkt sie bei Bedarf oder schwächt sie ab. Mit einer vielleicht allzu positiven Formulierung könnte man sagen, dass das Coaching dabei hilft, diese Unruhe zu dosieren. Tatsächlich ist diese

Formulierung schon deswegen zu positiv, weil sie zu viel Leistung beim Coach und zu wenig beim Coachee sieht. Tatsächlich fallen die wesentlichen Einsichten in die Moderation der eigenen Ansprüche und Erwartungen eher beim Coachee als beim Coach statt und müssen daher auch ihm oder ihr als Leistung zugerechnet werden. Insofern wiederholt das Coaching die Situation der Gesellschaft dahingehend, dass sie das Individuum – Coach und Coachee – ebenfalls entweder überfordert oder unterfordert, jetzt aber stellvertretend, das heißt jetzt reflektierbar und dann auch moderierbar. Der Coachee, der Coach und alle jene, deren individuelle Kalküle im Coaching in den Blick genommen werden, weil sie ihrerseits das Medium sind, in dem die Optionen des Coachee erst Gestalt annehmen können, sind zum einen das Thema des Coachings und stehen zum anderen stellvertretend für eine Gesellschaft, deren individualisierte Strukturen immer wieder neu begriffen, ausgehalten und verkörpert werden müssen.

Wir verwenden bewusst den Begriff des Mediums. Dieser Begriff bezeichnet seit Fritz Heider (2005 [ca. 1927]) jene Menge lose gekoppelter Elemente, in der eine Entscheidung, ein Individuum, eine Kommunikation, eine Person, eine Handlung und eine Reaktion erst Gestalt annehmen, erst Form werden können. Vom »Ding« spricht Heider, um fest gekoppelte, aus einer Einheit heraus motivierte Vorkommnisse zu bezeichnen. So sind Handlungen, Kommunikationen, Entscheidungen, aber auch Individuen »Dinge«, sobald man sie post factum betrachtet, aus sich heraus versteht und von anderem unterscheidet. Ex ante jedoch ist alles offen, vage, unscharf, kontingent. Man erkennt die Elemente, Faktoren, Umstände, aus denen sich – vielleicht – etwas zusammensetzen lässt; aber ob und wie welche Verbindungen funktionieren, Bestand haben und ausgebaut werden können, weiß man nicht. Das ist das Vertrackte. Es ist dieselbe Menge von Elementen, die ex ante als Medium und ex post als Ding erscheint. Coaching besteht daher nicht zuletzt darin, ein Gefühl für die Differenz von ex ante und ex post zu vermitteln, den Eindruck zu zerstreuen, man könne sich auf die Ex-post-Perspektive verlassen, um Ex-ante-Strategien zu entwerfen, und Mut dazu zu machen, die Ex-post-Perspektive dennoch als eines der Elemente der Ex-ante-Optionen zu ihrem Recht kommen zu lassen. Das klingt komplizierter, als es ist. Die Fragestellung lautet, ob und inwieweit man sich von sich selbst an die Hand nehmen lassen kann, um ein Terrain zu erkunden, in dem nicht zuletzt das eigene Schicksal unbestimmt ist.

Eine der Grundfragen jeder begrifflichen Auseinandersetzung mit dem Coaching, wenn man sich denn darauf einlassen will, besteht darin, sich genauer zu überlegen, worin dieses Medium besteht, in dem ein Individuum Ding, Gestalt oder Form werden kann. Georg Simmel hatte, ohne etwas von den Komplikationen des Coachings ahnen zu können, den Begriff des Lebens ins Spiel gebracht und darauf hingewiesen, dass das Leben eines Individuums darin besteht, sich im

Strom des Lebens zu halten, formen zu lassen, Gestalt zu werden und sich – in dieser und in jener Hinsicht – auch wieder in ihn aufzulösen (Simmel, 1994). Der heute verwendete Begriff des *Flow* ist davon nicht weit entfernt (Csikszentmihalyi, 1997). Aber auch Simmel wusste bereits, dass ein Individuum, das sich vom Leben geformt weiß und doch in jedem Moment diese Form wieder durchbricht, um nicht im eigenen Leben zu erstarren, sich selbst als Grenze in den Blick nehmen muss. Es ist die Grenze, die es überschreiten muss und doch nicht überschreiten kann, um sich in seinen Grenzen jenseits seiner Grenzen zu verwirklichen.

Der Begriff des Lebens trägt diese Einsicht jedoch nicht wirklich. Verbunden mit dem Begriff der Energie, bezeichnet er den Fundus, in dem und aus dem heraus ein Individuum sich regenerieren kann, so wie er auch Erschöpfung und Ermüdung als mögliche Zustände zu benennen weiß. Doch die Grenze des Lebens ist der Tod. Und welche Einsicht das Coaching daraus gewinnen mag, ist vermutlich zu hoch generalisiert, um operativ sinnvoll umgesetzt werden zu können.

Wir wissen nicht, für welchen Begriff sich Simmel heute entscheiden würde. Sein Interesse am Menschen als Grenzwesen und an den Formen der Vergesellschaftung ist nicht weit entfernt von den soziologischen Analysen, die Talcott Parsons und Niklas Luhmann eher in Begriffen der Handlung und der Kommunikation kulminieren lassen (Parsons, 1951; Luhmann, 1984). Dies kann man, würde ich sagen, auch dem Coaching empfehlen: Je stärker der Fokus auf der Individualisierung der Gesellschaft liegt, desto stärker sollte sich das Interesse darauf richten, die Entkopplung des Individuums mit Begriffen zu beschreiben, die (a) nicht mit dem Individuum und seinem Leben identisch sind und (b) eine hinreichende Beweglichkeit aufweisen, um sowohl die Entkopplung als auch die Neuverknüpfung in den Blick nehmen zu können. Handlung und Kommunikation lassen sich in jedem Moment neu entscheiden, prinzipiell zumindest. Sie binden das Individuum, aber sie binden es an nichts anderes als an die nächste Entscheidung. Und sie erlauben es präziser als der Begriff des Lebens, der in dieser Hinsicht zu schnell zum Pathos seiner selbst wird, auch den anderen und die anderen und deren Handlungen und Kommunikationen in den Blick zu nehmen. Diese sind ebenfalls Bedingung, Grenze und Medium aller Entscheidungen. Das Coaching gewinnt daraus eine minimal triadische Gestalt von (1) Coachee, (2) den anderen und (3) möglichen Handlungen. Auch hierin versteckt sich ein Viertes (Brandt, 2014), nämlich der Coach, das Coaching und die Gesellschaft, deren Unruhe beides, den Coach und das Coaching, nötig macht, aber für das Coaching selber genügt es, (1) bis (3) in Bewegung zu versetzen und zu halten.

Ob man sich letztlich für Handlung oder Kommunikation als Grundbegriff zur Bezeichnung des Mediums von Coaching entscheidet, ist eine Frage des Muts zur Komplexität. Handlung vereinfacht Kommunikation, indem sie sie personell zurechnet und interpunktiert. Sie leistet damit einen wesentlichen Beitrag zur Aufgabe, die Kommunikation in jener Schwebe zwischen analoger Kontinuität und digitaler Diskretion zu halten, die jeden Beobachter zur Verzweiflung bringt (Watzlawick, Beavin & Jackson, 1969; Wilden, 1972; Luhmann, 1984, S. 225ff.; Schröter & Böhnke, 2004). Denn die Handlung ist fast immer analog, reich und widersprüchlich, während die Kommunikation zwar zu komplex ist, um sie wirklich ausrechnen zu können, aber dennoch schneller mit Ja/Nein- oder 0/1-Optionen konfrontiert, als allen Beteiligten recht sein kann. Aber genau deswegen muss das Coaching den Sinn für die Kommunikation im Medium ihrer vereinfachenden Handlungen schaffen, gleichsam den Schatten und damit auch Überschusssinn ausloten, der jede noch so scheinbar eindeutige Handlung begleitet. Manche Soziologen sprechen hier gerne von nicht intendierten Folgen der Handlung. Es wäre schön, wenn es so einfach wäre. Denn darüber hinaus konfrontiert Kommunikation auch und gerade mit der intendierten Unschärfe, dem Nahelegen möglicher Absichten, dem Hineinlocken in dann nicht mehr zu leugnende Absichten. Das kann man sich im Coaching genauer anschauen.

Das Emergenzniveau der individualisierten Gesellschaft sind jene dialogischen und multiplen »selektiven Akkordierungen« (Luhmann, 1984, S. 192), in denen kommunikativ eruiert wird, was jeweils möglich oder unmöglich, erwünscht oder unerwünscht, aussichtsreich oder aussichtslos ist. Handlungen und ihre Aggregate reichen an dieses Emergenzniveau nicht heran, das daher auf der Handlungsebene auch nicht »erklärt« werden kann. Vermutlich ist es auch in dieser Hinsicht erst das Coaching, das im Medium des eigenen Gesprächs und der in diesem Gespräch thematisierten Reflexion auf die Situationen des Coachee einen Sinn für dieses Emergenzniveau weckt und pflegt. Man wüsste so gerne, wer Ross und Reiter sind; doch wichtiger ist der Sinn für Gehege, Parcours und Hindernisse.

4   Die Entdeckung der Reflexion

Reflexion ist das entscheidende Stichwort. Hält man sich daran, kann jede weitere Begrifflichkeit und theoretische Fundierung offengehalten und dem eher praktischen oder poetischen, theoretischen oder akademischen Bedarf des jeweiligen Coaching-Gesprächs angepasst werden. Reflexion ist die das Abendland und seinen Glauben an Metaphysik und Vernunft erschütternde Entdeckung der Philosophie des deutschen Idealismus (Kant, Fichte, Schelling, Hegel), weil sie darauf hinausläuft, die bisher so mächtige Unterscheidung von Subjekt und Objekt zu sprengen (Klagenfurt, 1995; Gamm, 1997). Im Objekt reflektiert sich ein Subjekt, das sich im Moment dieser Reflexion selbst als Objekt (der Reflexion, aber auch der Verhältnisse) entdeckt, ohne deswegen auch nur ein Jota seiner Subjektivität zu verlieren. Und umgekehrt laufen die Entdeckungen der Kultur- und später auch Naturwissenschaften von Giambattista Vico bis Albert Einstein und Humberto R. Maturana darauf hinaus, Positionen der Subjektivität in einem Ausmaß zu multiplizieren und perspektivisch zu differenzieren, das unmöglich auf irgendeine Einheit, und sei es die der Geschichte, des Alltags oder der Gesellschaft, reduziert werden kann.

Das große Abenteuer der antiken Griechen, die Welt als Kosmos zu fassen, dem der Mensch in müßiger Kontemplation mit nur zwei Möglichkeiten der Erkenntnis, der wahren und der falschen, gegenübersteht, verliert sich in die Reibereien des Alltags, des Triumphs von Xanthippe über Sokrates, in denen auf das Ja des einen das Nein des anderen antwortet und nur noch das Funktionieren der Maschine, der Technologie, die Welt zusammenhält (Bammé, 2011). Sie hält sie, wie Gotthard Günther herausgearbeitet hat (Günther, 1991 [1959]), auf gefährliche Weise zusammen, denn in ihr werden jene Subjekte aktiv, die sich metaphysisch nur objektiv, als bloße Spiegel der Welt, denken können und daher ihren Eingriff in die Welt laufend verleugnen. Von Leibniz bis Habermas reichen die Versuche, die Kommunikation doch noch einmal so zu denken, dass ihr die erstrebenswerte Einheit innewohnt, sei es als in jede Monade eingebaute Vorstellung Gottes (siehe Serres, 1991), sei es als Vernunft, die die Sprache schon deswegen frei Haus liefert, weil sie spricht (und zu hören gibt) (vgl. jedoch Derrida, 2004).

Coaching ist eine Praxis gewordene Einsicht in die Unmöglichkeit einer Einheit, die sich nicht bereits im nächsten Augenblick als Artefakt eines Dialogs erweist, der wie immer seine eigenen Motive hat. Hier wie so oft gilt Ranulph Glanvilles grundlegende Einsicht: »in every white box there are two black boxes trying to get out« (Glanville, 1982). Coaching oszilliert im Medium der Reflexion zwischen jenen Einheiten, die greifbar werden, und jenen Absichten, Situationen und Strategien, denen sie sich ungreifbar verdanken. Doch so schwankend der Boden der Reflexion auch sein mag, der eben nicht Sicherheit schafft, sondern mit Ungewissheit vertraut macht, so unbezweifelbar, überraschenderweise, ist der Ankerpunkt dieser Reflexion und damit auch des Coachings. Im Medium der individualisierten Gesellschaft geht es um die Entdeckung der Form der Subjektivität.

Notorisch ist diese Form nicht erst im Arbeitsleben, seit dieses zur Kenntnis nimmt, dass es »soziale Organisation« ist (Seltz, Mill & Hildebrandt, 1986; Moldaschl & Voß, 2002), sondern spätestens, seit Schamanen die Stammesgesellschaft, Askesevirtuosen die mittelalterlichen Glaubenswelten, geniale Dichter das Bürgertum und Wandervögel sowie ihre diversen Nachfolger in politischen Bewegungen, Aussteigerszenen und Kreativitätsmilieus die urbane Gesellschaft verunsichern. Jedes Mal tritt das Subjekt auf und »verwirft«, wie Gotthard Günther

(1979a) formuliert, die herrschenden Alternativen der Gesellschaft. Foucault hat sich der Motive dieser Subjektivität bereits bei den alten Griechen vergewissert (Foucault, 1985; vgl. Moldaschl, 2002). Warum also jetzt so viel Aufruhr? Nur deswegen, weil sie sich nicht mehr nur auf das kontemplative Subjekt, sondern auch auf das arbeitende Subjekt bezieht? Was ändert die Arbeit an der Form der Subjektivität (Arlt & Zech, 2015)?

Solange die entsprechenden Individuen als mehr oder minder heilige, wenn auch verdächtige »Subjekte« ihrerseits ausgegrenzt werden können, lässt sich der Schaden in Grenzen halten, doch im Arbeitsleben betrifft diese Entdeckung die Verfassung der modernen Gesellschaft selber (Baecker, 2002). Wie kann es sein, dass ausgerechnet dort Subjektivität Platz greift, wo alles sich aus der Sache ergibt, zur Not unterstützt durch die Anweisung der Vorgesetzten und die Wünsche der Kunden? Was soll und kann denn hier verworfen werden? Was hat es mit dieser Subjektivität auf sich? Worin besteht ihre Form?

5 Das Ja zum Nein

Der gesunde Menschenverstand, auch so viel muss gesagt werden, lässt sich weder durch solche Fragen noch durch die Literatur, die diese Fragen unterfüttert, beeindrucken.[2] Der gesunde Menschenverstand kennt die Antwort längst, vielleicht ist er sogar die Antwort (Pollner, 1987). Coaching ist jedoch nicht schlicht die Wiederentdeckung der unverzichtbaren Einsicht in die Faktizität des subjektiv verfassten Individuums, sondern ihre Formatierung im Medium der individualisierten Gesellschaft. Diese Formatierung hat eine Innenseite, eine Außenseite und einen Beobachter, der Innenseite und Außenseite unterscheidet und so erst im Raum ihrer Möglichkeiten verankert (Spencer-Brown, 2008 [1969]; vgl. Baecker, 1993). Wer ist dieser Beobachter? Dieser Beobachter ist nicht der einzelne Coach oder einzelne Coachee, sondern deren Rollenspiel im Medium einer verteilten Subjektivität. Der Beobachter ist das Coaching selber, vielfach unterstützt von einer Gesellschaft, deren Individualisierung auch das Arbeitsleben erreicht hat. Coaching ist demnach der Kalkül dieser Form im Medium des Kalküls dieser Form. So viel Selbstreferenz muss sein, denn nur sie bewältigt die Komplexität, die in der Form reflektiert wird.

---

2   Es wäre leicht und dem Thema nicht unangemessen, zur Form der Subjektivität einen Aufsatz zu schreiben, in dem das Literaturverzeichnis länger ist als der Text. Denn so viel zu sagen, das sehen wir auch hier, gibt es nicht; aber genau das ist immer wieder zu erörtern (vgl. auch Reckwitz, 2006).

Man kann den Kalkül ausschreiben, um Subjektivitätschancen gegenüber allen Strukturen zu unterstreichen, mit denen es ein Individuum zu tun hat. Je nach Anlass des Coachings und Tätigkeitsfeld des Coachee kommen dabei unterschiedliche Dimensionen der Komplexität der Persönlichkeit, des Rollenverhaltens, der Karriereerwartungen, des Anspruchsniveaus und des Umgangs mit Interaktion, Organisation und Gesellschaft in den Blick. Die Zielsetzung besteht darin, diese Dimensionen der Komplexität als mögliche Variablen zu behandeln und so zum Gegenstand von Entscheidungen zu machen (Baecker, 2009). Im Medium der Erkundung dieser Komplexität geht es nicht nur darum, Verhaltensspielräume, Kommunikationschancen und Handlungsmöglichkeiten zu entdecken, die man bisher übersehen hat, sondern es geht darüber hinaus und ausschlaggebend darum, die eigene Subjektivität zu entdecken *und anzunehmen*. Das ist die Paradoxie, in die das Coaching den Coachee und in nicht unbedeutendem Maße auch den Coach verwickelt: die Möglichkeit der Verwerfung herrschender Alternativen anzunehmen, um sie ihrerseits, die eigene Subjektivität unter Beweis stellend, zu verwerfen. Unausweichlich landet man so auf der Seite der Annahme der Verhältnisse, zu denen es, wie bekannt, keine Alternative gibt. Es unterliegt keinem Zweifel, dass man so Subjektivität gewonnen hat. Aber worin besteht sie, wenn nicht in der objektiven Subjektivität einer individualisierten Gesellschaft, die sich im Medium der Ablehnung paradox realisiert?

Auf der Innenseite der Form finden wir die Objektivität einer Subjektivität, der auf der Außenseite eine Subjektivität aller Objektivität gegenübersteht. Die beiden Seiten der Unterscheidung, logisch interpretiert (Spencer-Brown, 2008 [1969], S. 91), negieren und implizieren einander und wiederholen so den Modus einer angenommenen Ablehnung. Wiedereingeführt in den Raum der Unterscheidung, ergibt sich eine Unbestimmtheit der Unterscheidung, die operativ zum einen zur Oszillation zwischen ihren beiden Seiten und zum anderen zur Ausbildung eines Gedächtnisses für die Unterscheidung in ihrer eigenen Form genutzt wird. Coaching ist dann nichts anderes als ein Kalkül, der den Raum erkundet, der durch eigene Unterscheidung eröffnet und erschlossen wird.

Ausgehend von der primären Unterscheidung einer mit jedem Individuum objektiv gegebenen Subjektivität, trifft es auf eine Objektivität, die ihrerseits der Gegenstand sowohl der kognitiven als auch der volitiven Akte der Individuen ist, und als solche den Coachee über seine Möglichkeiten informiert:

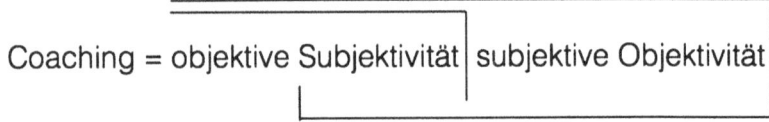

Die Wiedereinführung (das *re-entry*) der Unterscheidung in ihre Form auf der Seite der objektiven Subjektivität konditioniert die zur Verwerfung bereite Subjektivität durch die Annahme dieser Möglichkeit. Die Negation wird positiv gestimmt, wenn man so sagen darf. Nicht das Nein, sondern das Ja zum Nein übernimmt die Führung. Die Subjektivität wird objektiv eingebettet und so zum Faktum der Gesellschaft selber. Das ist ein Verrat; und nur die Unruhe, die das Coaching selbst stiftet, kann über diesen Verrat hinwegtäuschen, indem der Blick auf Gestaltungsmöglichkeiten der Komplexität gerichtet wird, die man bisher nicht sah. Aber die Unruhe ist auch ein Beweis dafür, dass man den Braten durchaus riecht.

Allerdings ist die Form des Coachings so noch nicht vollständig. Es fehlt die Angabe des Köders, der es ermöglicht, Subjektivität und Objektivität aufeinander zu beziehen und der Paradoxie einer positiv gestimmten Negation auszuweichen. Dieser Köder ist sowohl die Ressource des Coachings als auch dessen Zielsetzung. Wir nennen ihn Selektivität und verstehen darunter die Auseinandersetzung mit den Selektionen der Umwelt (Fremdselektionen) und den Selektionen des Coachee (Selbstselektion), wobei Letztere eigentümlich geführt und geschärft werden durch den fragenden Rat, die anregende Betreuung durch den Coach:

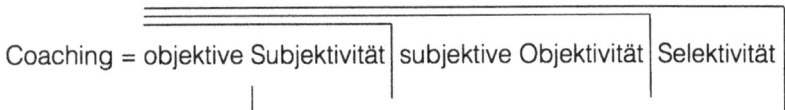

Man sieht es der Formel an, wie sie es erlaubt, die Sachlage zu entschärfen, indem Implikation und Negation der Variablen nun auf drei Seiten der Form verteilt werden. Coach und Coachee können die Selektivität, die bereits getroffenen und noch zu treffenden Entscheidungen, adressieren und sich dafür frei im Medium der objektiven Subjektivität und subjektiven Objektivität bedienen.

In Gotthard Günthers Sprache der Poly-Kontexturalität (vgl. Günther, 1979b) kann man sogar formulieren, dass die Selektivität als dritter Wert die Alternative zwischen objektiver Subjektivität und subjektiver Objektivität (inklusive ihrer abgekürzten Form von Subjekt und Objekt) zu verwerfen und im Modus der Verwerfung auch wiederum anzunehmen vermag. Beides zugleich ist möglich, wenn die Alternative einen je differenten Zuschnitt bekommt, wenn also je verschiedene Subjektivitäts- und Objektivitätsmerkmale miteinander kombiniert werden. So erst wird die Form und wird mit ihr das Coaching welthaltig. Und so erst gewinnt der Köder, der dritte Wert, jene Selbstreferenz, die ihn und nicht etwa Subjektivität oder Objektivität zum Gegenstand des Coachings macht. Und nur so kann die Unruhe dazu genutzt werden, sie momenthaft stillzustellen, bevor sie wieder gezündet und neuerlich ausgenutzt wird, um die sich laufend ändernden Verhältnisse zu erkunden.

Literatur

Arlt, Hans-Jürgen, & Zech, Rainer (2015). *Arbeit und Muße: Ein Plädoyer für den Abschied vom Arbeitskult*. Wiesbaden: Springer.
Baecker, Dirk (Hrsg.) (1993). *Kalkül der Form*. Frankfurt am Main: Suhrkamp.
Baecker, Dirk (Hrsg.) (2002). *Archäologie der Arbeit*. Berlin: Kulturverlag Kadmos.
Baecker, Dirk (2009). Coaching Complexity. *Coaching-Magazin*, (3), 50–55.
Bammé, Arno (2011). *Homo occidentalis: Von der Anschauung zur Bemächtigung der Welt – Zäsuren abendländischer Epistemologie*. Weilerswist: Velbrück.
Bauman, Zygmunt (2000). *Liquid Modernity*. Cambridge: Polity Press.
Bauman, Zygmunt (2003). *Flüchtige Moderne*. Frankfurt am Main: Suhrkamp.
Beck, Ulrich (1986). *Risikogesellschaft: Auf dem Weg in eine andere Moderne*. Frankfurt am Main: Suhrkamp.
Brandt, Reinhard (Hrsg.) (2014). *Die Macht des Vierten: Über eine Ordnung der europäischen Kultur*. Hamburg: Meiner.
Csikszentmihalyi, Mihaly (1997). *Kreativität: Wie Sie das Unmögliche schaffen und Ihre Grenzen überwinden*. Stuttgart: Klett-Cotta.
Derrida, Jacques (2004). Unterwegs zu einer Ethik der Diskussion. In: ders., *Die différance: Ausgewählte Texte* (S. 279–333). Stuttgart: Reclam.
Foucault, Michel (1985). *Freiheit und Selbstsorge: Interview 1984 und Vorlesung 1982*. Frankfurt am Main: Materialis.
Gamm, Gerhard (1997). *Der Deutsche Idealismus: Eine Einführung in die Philosophie von Fichte, Hegel und Schelling*. Stuttgart: Reclam.
Glanville, Ranulph (1982). Inside Every White Box There Are Two Black Boxes Trying To Get Out. *Behavioral Science, 27*(1), 1–11.
Goffman, Erving (1956). Embarrassment and Social Organization. *American Journal of Sociology, 62*(3), 264–271.
Günther, Gotthard (1991). *Idee und Grundriss einer nicht-Aristotelischen Logik: Die Idee und ihre philosophischen Voraussetzungen* (3. Auflage). Hamburg: Meiner [Erstauflage: 1959].

Günther, Gotthard (1979a). Cognition and Volition: A Contribution to a Cybernetic Theory of Subjectivity. In ders., *Beiträge zur Grundlegung einer operationsfähigen Dialektik*, Bd. 2 (S. 203–240). Hamburg: Meiner.

Günther, Gotthard (1979b). Life as Poly-Contexturality. In: ders., *Beiträge zur Grundlegung einer operationsfähigen Dialektik*, Bd. 2 (S. 283–306). Hamburg: Meiner.

Heider, Fritz (2005). *Ding und Medium* (Nachdruck). Berlin: Kulturverlag Kadmos [Erstauflage: ca. 1927].

Klagenfurt, Kurt (1995). *Technologische Zivilisation und transklassische Logik: Eine Einführung in die Technikphilosophie Gotthard Günthers*. Frankfurt am Main: Suhrkamp.

Lehmann, Maren (2011). *Mit Individualität rechnen: Karriere als Organisationsproblem*. Weilerswist: Velbrück.

Looss, Wolfgang (2001). *Unter vier Augen: Coaching für Manager* (6. Auflage). München: Verlag Moderne Industrie [Erstauflage:1991].

Luhmann, Niklas (1984). *Soziale Systeme: Grundriss einer allgemeinen Theorie*. Frankfurt am Main: Suhrkamp.

Luhmann, Niklas (1987). Die gesellschaftliche Differenzierung und das Individuum. In: Thomas Olk & Hans-Uwe Otto (Hrsg.), *Soziale Dienste im Wandel 1: Helfen im Sozialstaat* (S. 121–137). Neuwied: Luchterhand.

Luhmann, Niklas (1989). Individuum, Individualität, Individualismus. In: ders., *Gesellschaftsstruktur und Semantik: Studien zur Wissenssoziologie der modernen Gesellschaft*, Bd. 3 (S. 149–258). Frankfurt am Main: Suhrkamp.

Moldaschl, Manfred (2002). Foucaults Brille – Eine Möglichkeit, die Subjektivierung von Arbeit zu verstehen? In: ders. & Günter G. Voß (Hrsg.), *Subjektivierung von Arbeit* (S. 149–191). München: Hampp.

Moldaschl, Manfred, & Voß, Günter G. (Hrsg.) (2002). *Subjektivierung von Arbeit*. München: Hampp.

Parsons, Talcott (1951). *The Social System*. New York: Free Press.

Parsons, Talcott (1980). Sozialstruktur und die symbolischen Tauschmedien. In: ders., *Zur Theorie der sozialen Interaktionsmedien* (S. 229–259). Opladen: Westdeutscher Verlag.

Pollner, Melvin (1987). *Mundane Reason: Reality in Everyday and Sociological Discourse*. Cambridge: Cambridge University Press.

Reckwitz, Andreas (2006). *Das hybride Subjekt: Eine Theorie der Subjektkulturen von der bürgerlichen Moderne zur Postmoderne*. Weilerswist: Velbrück.

Schröter, Jens, & Böhnke, Alexander (Hrsg.) (2004). *Analog/Digital – Opposition oder Kontinuum? Zur Theorie und Geschichte einer Unterscheidung*. Bielefeld: transcript.

Seltz, Rüdiger, Mill, Ulrich, & Hildebrandt, Eckart (Hrsg.) (1986). *Organisation als soziales System: Kontrolle und Kommunikationstechnologie in Arbeitsorganisationen*. Berlin: edition sigma.

Serres, Michel (1991). Die Kommunikation der Substanzen, *more mathematico* bewiesen. In: ders., *Hermes I: Kommunikation* (S. 215–229). Berlin: Merve.

Simmel, Georg (1992). *Soziologie: Untersuchungen über die Formen der Vergesellschaftung*. Frankfurt am Main: Suhrkamp.

Simmel, Georg (1994). *Lebensanschauung: Vier metaphysische Kapitel* (3. Auflage, unveränderter Nachdruck der 1922 erschienenen 2. Auflage). Berlin: Duncker & Humblot.

Spencer-Brown, George (2008). *Laws of Form*. Leipzig: Bohmeier [Erstausgabe: 1969].

Watzlawick, Paul, Beavin, Janet H., & Jackson, Don D. (1969). *Menschliche Kommunikation: Formen, Störungen, Paradoxien*. Bern: Huber.
Wilden, Anthony (1972). *System and Structure: Essays in Communication and Exchange*. London: Tavistock.

Über den Autor

Dirk Baecker ist Professor für Kulturtheorie und Management in der Fakultät für Kulturreflexion an der Universität Witten/Herdecke. Seine Arbeitsgebiete sind die soziologische Theorie, Kulturtheorie, Wirtschaftssoziologie, Organisationsforschung und Managementlehre. Zuletzt erschienen Beobachter unter sich: Eine Kulturtheorie (Suhrkamp 2013), Neurosoziologie: Ein Versuch (edition unseld, Suhrkamp 2014), Kulturkalkül (Merve 2014).
E-Mail: Dirk.Baecker@uni-wh.de, Internet: http://catjects.wordpress.com.

Third Generation Coaching

Ein Plädoyer für die Weiterentwicklung einer Dialogform

Reinhard Stelter

Auf der Grundlage aktueller Sozialforschung, neuer Lerntheorien und Diskurse der Personalführung entfaltet sich ein neues Verständnis von Coaching und Coaching-Psychologie. In der dritten Generation wird Coaching[1] aus gesellschaftlicher Perspektive betrachtet (Stelter, 2014). Wenn sich die Gesellschaft verändert, muss sich auch Coaching als spezifische Form der Interaktion weiterentwickeln: Die Mission des Third Generation Coaching ist die Entwicklung von Nachhaltigkeit in der Anwendung, indem sich der Dialog stärker auf Werte und Sinn-Schaffen ausrichtet, weg vom einengenden Zielfokus hin zur Betonung von Aspirationen,

---

[1] Wenn ich im Artikel von »Coaching« spreche, meine ich generell die in diesem Beitrag vorgestellte Form des Third Generation Coaching. Coaching der ersten Generation ist vorwiegend ziel- und problemorientiert, Coaching der zweiten Generation überwiegend zukunfts- und lösungsorientiert (mehr dazu bei Stelter, 2014). In der Praxis können die verschiedenen Coaching-Generationen integriert werden. Der Coach sollte jedoch danach streben, die Dialogführung auf die in diesem Beitrag beschriebene Weise zu optimieren.

Prof. Dr. Reinhard Stelter (✉)
University of Copenhagen/NEXS, Coaching Psychology Unit,
Kopenhagen, Dänemark
E-Mail: rstelter@nexs.ku.dk

Leidenschaften und Werten. In diesem Sinne trägt Third Generation Coaching zur Entfaltung und Weiterentwicklung persönlicher Identität bei – ein entscheidender Faktor für die menschliche Entwicklung in unserer Zeit.[2]

Die ständig zunehmende Hyperkomplexität sämtlicher sozialer Zusammenhänge und das Suchen des Einzelnen nach festen Bezugspunkten führt nach den Überlegungen des Autors dazu, das Miteinander, die Kooperation und das gemeinsame Formen von neuen Perspektiven, Wegen und Verständnissen als zentralen Anspruch für Coaching-Dialoge hervorzuheben. Coach und Coaching-Partner sind füreinander *Mit-Menschen*. Mit dem hier vorgestellten Ansatz der sozialen Einbettung von Coaching wird auch Böning und Strikker (2014) Rechnung getragen, welche die Frage nach dem gesellschaftlichen Bezug von Coaching stellen und sich darüber wundern, dass »der Zusammenhang von gesellschaftlicher Entwicklung und Coaching trotz der allgemeinen Popularität [des Coachings] publizistisch bisher kaum bearbeitet wurde« (S. 484). Gerade dies ist nun das Anliegen von Coaching der dritten Generation und damit des vorliegenden Beitrags.

1 Sozialwissenschaften als Basiswissen von Coaching

In den vergangenen drei Jahrzehnten haben sich die gesellschaftlichen und individuellen Arbeits- und Lebensbedingungen signifikant gewandelt, was zu einem neuen Ansatz des Coachings mit besonderer Betonung des Sinn-Schaffens und Werte-Reflektierens führte. Im Folgenden werden vier Perspektiven diskutiert, die Grundlage und Rahmen der Coaching-Praxis der dritten Generation und von deren Rolle als integraler Teil gesellschaftlicher Entwicklungsprozesse darstellen.

1.1 Soziale Legitimierung: Coaching als Antwort auf spät- und postmoderne Herausforderungen

Unsere Gesellschaft hat sich fundamental und radikal verändert, wir alle sind davon grundsätzlich betroffen. Wir leben in einer globalen Gesellschaft (Beck, 1997). Globale Faktoren haben unmittelbare lokale Auswirkungen. In unserer spät- oder postmodernen, von Hyperkomplexität geprägten Gesellschaft sehen sich die Individuen einer wachsenden Diversität sozialer Sphären gegenüber, deren

---

2 Im Interesse einer angenehmeren Lesbarkeit wird im vorliegenden Text zuweilen nur die männliche Form verwendet. Der Text bezieht sich aber gleichermaßen auf weibliche Personen.

jede ihrer eigenen unabhängigen *Entwicklungslogik* folgt. Verschiedene soziale Umgebungen schaffen ihre eigene Organisation und Kultur, und ihre Mitglieder entwickeln unter dem Einfluss ihrer lokalen Kultur ihre eigenen Kommunikationsmodi und Wahrnehmungslogiken. Die Gesellschaft als Ganzes verliert an innerer Kohärenz. Der deutsche Soziologe Niklas Luhmann (1998) bezeichnet mit dem Begriff »Hyperkomplexität« die Tatsache, dass überhaupt alles in der Gesellschaft auf verschiedene Weise beschrieben und arrangiert werden kann. Es gibt keine klaren, eindeutigen Definitionen mehr. Der englische Soziologe Anthony Giddens analysiert die Alltagseffekte der enormen sozialen Veränderungen der Spätmoderne und stellt dann fest: »in the context of a post-traditional order, the self becomes a *reflexive project*« (1991, S. 32; eigene Hervorhebung).

Diese Veränderungen haben tief greifende Auswirkungen auf unser berufliches und persönliches Leben im Allgemeinen und darüber hinaus auf die Art und Weise, in der wir Wissen generieren, unser Selbstbewusstsein und unsere Identität konstruieren und Sinn in unserem Leben finden. Unter Einbezug dieser soziologischen Theorien werden Einfluss und Anwendung von Coaching in unserem heutigen sozialen Kontext hervorgehoben.

1.2 Coaching, Identität und Selbst-Konstrukte

Selbst und Identität sind in unserer spät- oder postmodernen Gesellschaft psychologische Schlüsselthemen. Kenneth Gergen, Theoretiker des Sozialkonstruktivismus und führender Sozialpsychologe, schuf die Voraussetzungen für ein neues Verständnis des Individuums im modernen Leben und postulierte: »The postmodern being is a restless nomad« (1991, S. 173). Seiner Ansicht nach ist das postmoderne Selbst einerseits überwältigt von Millionen von Möglichkeiten und Handlungsweisen und andererseits desorientiert in Bezug auf Handeln und Verhalten. Der südkoreanisch-deutsche Philosoph Byung-Chul Han (2010) spricht davon, dass ein Paradigmenwechsel von der *Disziplinargesellschaft*, von der Foucault (1976) noch sprach, zu einer extremen *Leistungsgesellschaft* stattgefunden hat. Die Leistungsgesellschaft verschiebt die Verantwortung für das Tun fast ausschließlich auf den Einzelnen. Nicht mehr Gehorsam ist der ausschlaggebende Faktor, sondern der Eigenantrieb bestimmt unser Leben in der Arbeitswelt, aber auch in Freizeit und Familie. Das Leistungssubjekt diszipliniert sich selbst. Han (2010) spitzt seine Überlegungen in seinem Buch »Müdigkeitsgesellschaft« folgendermaßen zu:

Das Leistungssubjekt ist frei von äußerer Herrschaftsinstanz, die es zur Arbeit zwingen oder gar ausbeuten würde. Es ist Herr und Souverän seiner selbst. So ist es niemandem bzw. nur sich selbst unterworfen [...]. Der Exzess der Arbeit und Leistung verschärft sich zu einer Selbstausbeutung. (S. 24)

Diese Formen der Selbstdisziplinierung führen unter anderem zu einer Zunahme von Depressionen (Ehrenberg, 2004), Selbstzweifeln, Burn-out und Stress (Wainwright & Calnan, 2002). Trotz alledem haben soziale Normen und Diskurse einen massiven Einfluss auf das Entstehen psychischer Dysfunktionen wie zum Beispiel Stress (vgl. Kirkegaard & Brinkmann, 2015) und auf die Entwicklung des Selbst im weiteren Sinne. Das Selbst verliert Halt und eine Grundorientierung, die persönliche Werte, Wünsche und Sinnfragen als die Grundlage zur Lebensführung deutlich einbezieht.

Mithilfe soziologischer, sozialpsychologischer und philosophischer Erkenntnisse identifizieren Coaching-Psychologen und andere Berater die wichtigsten aktuellen Herausforderungen für Individuum und Gesellschaft.

Die Dialogform Coaching, die deutlich auf Solidarität, Mit-Menschlichkeit und gegenseitigem Verständnis beruht, bietet den Coaching-Partnern Raum für Selbstreflexion, für das Überprüfen und Justieren von Positionen und Selbstkonzepten. Hierbei ist es besonders wichtig, nachzuspüren, dass man mit den sozialen Herausforderungen und dem erlebten und oft auch selbst produzierten Druck am Arbeitsplatz nicht allein dasteht. Identität muss als relationaler Prozess verstanden werden, in dem die Coaching-Partner sich selbst in neuem Licht sehen können. Ein Coaching, das Sinn-Schaffen und Werteorientierung ins Zentrum stellt – also das Coaching der dritten Generation –, gibt uns die Möglichkeit, die »Kunst des Verweilens« (Han, 2009) im partnerschaftlichen Dialog neu zu lernen und weiterzuentwickeln. Dieses Verweilen, das wir im Zuge zunehmender Komplexität und Beschleunigungsprozesse verlernt haben, ist eine zentrale Zielsetzung für dieses im gesellschaftlichen Diskurs verankerte Coaching.

1.3 Coaching und Lernen – zwischen persönlicher Erfahrung und Zusammenarbeit

Lernen in unserer Gesellschaft hat sich grundlegend verändert. Früher bestand es hauptsächlich darin, Information und Wissen aufzunehmen und zu verarbeiten. Noch bis in die 1970er-Jahre war ein Verständnis vorherrschend, dass es ein relativ stabiles Wissensfundament gab, das man sich in Schule und Ausbildung aneignen sollte und das eine wichtige Grundlage für das spätere Berufs- und Privatleben war. Heutzutage jedoch haben die früher anerkannten Autoritäten wie Lehrer, Führungskräfte, Lehrmeister und Ärzte ihr Wissensmonopol stark eingebüßt. Lernen und Wissens»aneignung« müssen anders verstanden werden in einer Zeit, in der Information und Wissen inflationär zunehmen und zudem leicht via Google und andere Internetplattformen abrufbar sind. Lernen ist in größerem Maße situiert und damit kontextgebunden und handlungsorientiert (Wenger, 1998). Das Individuum ist mit eigenen Erfahrungen auf Lernen im Handeln und Miteinander bezogen. Lernen ist heute immer in persönliche und soziale Veränderung eingebunden und somit Teil fortlaufender Identitätsentwicklung. Lernen kann deshalb als *transformativer* Prozess (Mezirow et al., 1990; Illeris, 2004) verstanden werden, der auf einer Reinterpretation persönlicher Erfahrungen aufbaut. Unsere Lern- und Entwicklungsprozesse beinhalten oft eine Neuinterpretation von Bedeutungen. Wie Mezirow und Kollegen (1990) festgestellt haben, ist dies oft der Fall bei »concerning values, ideals, feelings, moral decisions, and such concepts as freedom, justice, love, labor, autonomy, commitment and democracy« (S. 8). Bestimmte Ereignisse können einen *Perspektivwandel* oder *Perspektivwechsel* herbeiführen, eine solche Veränderung kann aber auch durch Gespräche mit anderen ausgelöst werden.

In diesem Sinne kann Coaching einen Beitrag zum Lernen und zur persönlichen und sozialen Entwicklung leisten. Der Coach gibt weniger Rat, sondern versucht, einen Prozess der Selbstreflexion zu initiieren. Der Coaching-Dialog kann damit als transformativer Prozess verstanden werden, wobei die Fähigkeit des Coachs, einen Wechsel der Perspektive anzustoßen, für den erfolgreichen Dialog essenziell ist. Im Dialog lernt der Coaching-Partner, sich in bestimmten, zum Teil belastenden Kontexten neu zu verorten. Wie dies geschieht, wird später (besonders in Abschnitt 3) beschrieben.

1.4 Coaching aus der Sicht der Organisations- und Führungsforschung

Zweifellos wird Coaching am meisten in der Entwicklung von Personalführung und Organisationsstrukturen genutzt. Manager wie Mitarbeitende müssen zum Umgang mit der allgemein wachsenden Komplexität des Arbeitslebens, der Organisationen, Firmen und der Gesellschaft als Ganzen in der Lage sein: Die Systemtheorie hat das Konzept der *Kontingenz* eingeführt, das die mit dem Umgang mit Komplexität verbundenen Herausforderungen erfasst. Das Kontingenzkonzept beschreibt die Unmöglichkeit, klare und eindeutige Lösungen zu finden. Führung ist der Umgang mit diesem Zustand der Kontingenz und dem Leben im Wissen, dass Klarheit und Sicherheit essenziell unerreichbar sind. Heute müssen wir mehr als je zuvor mit dem Risiko der Fehleinschätzung leben. Eine Strategie ist, in einem

Raum der permanenten Reflexion bewusst eine Meta-Position einzunehmen, das heißt *eine reflektierte Haltung zur eigenen Selbst-Reflexivität*. Führung ist wie eine Seereise unter wechselnden Wettern; sie verlangt bestimmte Fixpunkte bei der Navigation. Das Führungspersonal muss die Richtung vorgeben. Eine wachsende Zahl von Management- und Leadership-Theoretikern ist überzeugt, dass Werte als Anker und Richtlinie für die Handlungen einzelner Führungskräfte (und Mitarbeitender) dienen und diese Werteorientierung helfen kann, die Organisation auf Kurs zu halten (Pohlman & Gardiner, 2000). Werte kommen in der Handlungsfähigkeit *(agency)* des Managers zum Ausdruck (Kirkeby, 2009).

Ausgehend von den hier vorgelegten vier Grundvoraussetzungen, wird der Schwerpunkt von Coaching im Hinblick darauf untersucht, wie Raum für Reflexion geschaffen werden kann.

2 Konsequenzen für die Coaching-Psychologie: Den Reflexionsraum des Coachingpartners erweitern

Die zuvor beschriebenen sozialen Entwicklungen führen zu folgenden Schlüsselfragen: Wie kann der Coach (oder ein vom Coaching inspirierter Leiter) dem Coaching-Partner am besten helfen, in dieser Welt zu navigieren?

Ein zentrales Ziel des Coaching-Dialogs ist es, die *Reflexionsfähigkeit* des Coaching-Partners zu stärken. Er oder sie soll lernen, Hyperkomplexität zu akzeptieren. Daneben dient die Ausrichtung auf das persönliche und soziale *Sinn-Schaffen* – ein Prozess, der die unterschiedlichen Lebenskontexte der Coaching-Partner einbezieht – dazu, den individuellen Horizont zu erweitern. Schließlich kann eine *narrativ-kollaborative Perspektive* den Coaching-Dialog so ausgestalten, dass (1) das Empfinden von Kohärenz in der Selbst-Identität des Coaching-Partners gestärkt wird und (2) Ereignisse verbunden und Vergangenheit, Gegenwart und Zukunft zu einem kohärenten Ganzen integriert werden.

Im Folgenden werden drei Aspekte des Third Generation Coaching diskutiert, die dazu beitragen, *den Reflexionsraum der Coaching-Partner zu erweitern*. Nach hiesigem Verständnis handelt es sich um essenzielle Merkmale dieser Form von Coaching, das eine narrativ-kollaborative Grundorientierung hat:

1. Werteorientierung
2. Möglichkeiten, Sinn zu schaffen
3. Die narrativ-kollaborative Perspektive

2.1 Werteorientierung

In unserer von zunehmender Diversität sozialer und beruflicher Werte geprägten Gesellschaft sollte ein Coach die Coaching-Partner ermutigen, Werte als Richtlinien für die Organisation ihres persönlichen und professionellen Lebens zu sehen. Werte mögen zeitlos und universell erscheinen, sie gründen aber zwangsläufig auf Gewohnheiten und Ereignissen in unseren lokalen Gemeinschaften. Ziel ist letztlich, Führung, Kommunikation und Kooperation zu erleichtern und vorzubereiten, nicht durch die Konzentration auf spezifische Ziele, sondern durch Reflexion von Schlüsselwerten als wichtigen Landmarken für die Lebensnavigation.

Ein werteorientierter Coaching-Prozess ist protreptisch inspiriert (Kirkeby, 2009). *Protreptik* (vom griechischen Begriff für die Kunst, die Aufmerksamkeit auf den Kern der menschlichen Existenz zu lenken) ist eine ausschließlich an der Reflexion über Werte orientierte Methode der Selbstreflexion und Dialogführung. Anders als konventionelle (ausschließlich asymmetrische) Coaching-Dialoge, in denen der Coach gegenüber dem Problem des Coaching-Partners eine neutrale Position[3] einnimmt, zielen diese Dialoge auf einen wachsenden Grad von Symmetrie. In solchen Momenten versuchen sowohl Coach als auch Coaching-Partner, einander als Individuen mit Erfahrung und eigener Geschichte zu sehen, die beidseitig sinnschaffend auf den Dialog einwirken. Coach und Coaching-Partner sind Menschen, die Leben und Gelebtes repräsentieren und Hoffnungen, Träume und Überzeugungen haben. Nur durch eine solche generell werteorientierte Reflexion können mögliche Konsequenzen für künftige Handlungen auf die Coaching-Agenda zurückkehren. Eingedenk der dargestellten sozialwissenschaftlichen Analyse, kann das werteorientierte Coaching dazu beitragen, Verständnis und »Weltanschauung« des Coaching-Partners (wie auch des Coachs) auszuweiten.

2.2 Möglichkeiten, Sinn zu schaffen

Sinn-Schaffen wird als eines der bedeutendsten Mittel angesehen, um Third Generation Coaching zu ermöglichen (Stelter, 2007). Sinn (Bedeutung) ist fundamental, weil wir unseren Erfahrungen, Handlungen, Interaktionen mit anderen und persönlichen wie beruflichen Lebensumständen eine Richtung geben und bestimmte Werte zuschreiben. Dinge werden bedeutsam, wenn wir unsere Gefühle, Gedanken und Handlungen verstehen, zum Beispiel, indem wir Geschichten erzählen über uns selbst und die Welt, in der wir leben (Bruner, 2006). Sinn-Schaffen ba-

---

3   Dies wird besonders im klassisch systemisch orientierten Coaching hervorgehoben.

siert auf früheren Erfahrungen und Zukunftserwartungen und ist der holistische Versuch, Erfahrungen aus Vergangenheit und Gegenwart sowie Annahmen über die Zukunft zu integrieren.

Sinn-Schaffen markiert die Integration individueller und soziokultureller Prozesse. Im Folgenden werden (analytisch) zwei Arten unterschieden:

- Ein Ausgangspunkt für die Coaching-Intervention ist die individuelle Erfahrung und das persönliche Sinn-Schaffen des Coaching-Partners. Dabei orientiert sich der Coaching-Dialog am phänomenologisch-existenzialistischen Ansatz. In Zusammenarbeit mit dem Coach sucht der Coaching-Partner seine oder ihre subjektive Realität oder subjektive Wahrnehmung und Erfahrung des kulturellen Kontextes zu ergründen. Der Fokus liegt auf den impliziten und oft sinnlich-körperlichen Dimensionen bestimmter Situationen, Aktionen oder Individuen. Diese Perspektive kann essenzielle und existenziell bedeutsame Erfahrungen und Werte in der Erinnerung – insbesondere erhebende Momente – beleuchten und erhellen, was sich für die Person selbst gut und wichtig anfühlt.
- Der zweite wichtige Ausgangspunkt für das Third Generation Coaching ist die Frage, wie Sinn in einem gemeinsamen Prozess der Zusammenarbeit zwischen Coach und Coaching-Partner entsteht. Die Coaching-Partner bringen ihre selbst wahrgenommene Realität ein, die außerhalb des Coaching-Kontextes entsteht und von den Beziehungen am Arbeitsplatz, in der Familie, der Freizeit und anderen Lebenskontexten konstituiert wird. Der Coach offeriert eine weitere und neue Stimme auf der Lebensbühne der Coaching-Partner. Diese kann von entscheidender Bedeutung sein, weil das Coaching-Gespräch einen besonderen und aktiv gewählten Kontext konstituiert, in dem der Coach die Coaching-Partner auffordert, die Welt anders als bisher zu sehen und zu deuten. Aufgabe des Coachs ist es, die Coaching-Partner bei der Reflexion über die kulturellen Wurzeln und sozialen Verhältnisse, die deren Selbst-Konzept und Wahrnehmung der sozialen Realität determinieren, zu unterstützen.

2.3 Die narrativ-kollaborative Perspektive

Das Konzept der Narrativität und die narrative Psychologie können als Erweiterung der sozialkonstruktivistischen Perspektive gesehen werden – als ein neuer Ansatz, der empirische und subjektiv-existenzielle Dimensionen mit relationalen und diskursiven verbindet. Unter den Forschern, die diese Sichtweise teilen, sind Crossley (2003), Shotter und Lannamann (2002), Stam (2001, 2002) und Sampson (1996) zu nennen. Ziel ist eine kulturell orientierte Form der Psychologie, in der

Erzählungen aus Erfahrungen und Gefühlen im Zusammenspiel mit persönlichen und allgemeinen Werten entstehen, einzeln und im Zusammenspiel mit anderen. Wie Bruner (1990) sagte: »[Values] become incorporated in one's self-identity and, at the same time, they locate one in a culture« (S. 29). Einander Geschichten zu erzählen und Narrationen auszutauschen, ob im Coach-Einzelpartner-Verhältnis oder im Gruppenzusammenhang, ist essenziell für das soziale Sinn-Schaffen; jemandes Verankerung in einem kulturellen Kontext entwickelt sich immer durch spezifische Werte und Bedeutungen.

3 Der narrative-kollaborative Ansatz

Der narrativ-kollaborative Ansatz ist zentral für das Third Generation Coaching. Im Folgenden werden zentrale erkenntnistheoretische Annahmen, die kollaborative Dimension und die praktischen Grundvoraussetzungen dieses Ansatzes vorgestellt.

3.1 Die zentralen Annahmen im narrativen Ansatz

Es wird davon ausgegangen, dass der narrative Ansatz sozialkonstruktivistische Erkenntnistheorien einbezieht, aber auch Dimensionen wieder einführt, die ansonsten im sozialkonstruktivistischen Denken ausgeschlossen werden. So wird zum Beispiel eine deutlichere Anerkennung der Intentionalität als bedeutsam für das menschliche Handeln gesehen. Im Folgenden werden drei zentrale erkenntnistheoretische Annahmen vorgestellt:

1. *Handlungsperspektive (Agency)* beschreibt die menschliche Fähigkeit, zwischen Optionen zu wählen, Energien zu mobilisieren und auf der Grundlage persönlicher Überlegungen und Pläne bewusst zu handeln. Menschen sind fähig, die Initiative zu ergreifen und ihr Leben in die eigenen Hände zu nehmen. Wenn eine Person über ihre Handlungen spricht, wird die Erzählung um bestimmte Ereignisse kreisen, die miteinander verbunden und in einem Plot organisiert sind, der das Erzählen für den Handelnden bzw. den Erzählenden bedeutungsvoll macht. Narratives Denken bedient sich der Metapher der »*Handlungslandschaft*«, eines ursprünglich von den Literaturtheoretikern Greimas und Courtès (1976) entwickelten Konzeptes, das von Bruner (1990) auf die Psychologie übertragen und von White (2007) auf den Bereich der nar-

rativen Therapie angewandt wurde und nun im Coaching seine Anwendung findet.

2. *Intentionalität* definiert die Haltung des Handelnden gegenüber der Umwelt, die durch die Absichten der Person im Verhältnis zu bestimmten »anderen«, Aufgaben oder Situationen zum Ausdruck kommt. Menschen verhalten sich stets zu ihrer sozialen und physischen Umgebung. Generell wird Intentionalität in persönlichen Werten ausgedrückt und in bedeutungsvolle Handlungen umgesetzt. In Coaching-Gesprächen zeigt sich dies zum Beispiel in den Aspirationen des Coaching-Partners und seinen Bemühungen im Verhältnis zu spezifischen Arbeitsaufgaben oder einer möglichen Zukunft. Intentionalität kann als hierarchische Struktur aufgefasst werden (vgl. Abbildung 1).

Coaching der dritten Generation arbeitet hauptsächlich auf der oberen Ebene, der Werte-Perspektive, die zentrale Bedeutung für das Handeln hat. Dadurch unterscheidet sich Third Generation Coaching grundsätzlich von früheren Coaching-Ansätzen (z.b. dem Grow-Modell), die sich vornehmlich auf Ziele ausrichteten. Narrative Praxis (vgl. z.B. White 2004, 2007) benutzt die Metapher der *Identitätslandschaft* (oder »*Bewusstseinslandschaft*«), die immer im Zusammenhang mit der *Handlungslandschaft* gesehen werden muss (vgl. oben unter 1). Die Metapher der Identitätslandschaft konzentriert sich auf die Gedanken, Gefühle und Überzeugungen des Handelnden (Bruner, 1986) und damit auf das Selbst-Konzept und die Selbst-Identität des Coaching-Partners. Im Third Generation Coaching und im narrativen Ansatz sind Gespräche vor allem dazu da, den Austausch zwischen der *Handlungslandschaft* und der *Identitätslandschaft* zu erhellen, um den Dialog zu vertiefen und die einzelnen Coaching-Partner zu einem tieferen Verständnis ihrer selbst und ihrer Handlungen zu führen.

3. *Dekonstruktion* meint die Möglichkeiten von Veränderung und Mehrfachinterpretationen; sie entstand als Gegenreaktion zur idealistischen Philosophie und strukturalistischen Literaturtheorie. Dekonstruktivisten wie Derrida (1978) wandten sich gegen die strukturalistische Textreduktion, die versuchte, innere Widersprüche in Text oder Rede zu eliminieren. Die dekonstruktivistische Perspektive geht stattdessen von der Möglichkeit multipler Interpretationen und damit multipler Realitäten aus. Im narrativen Coaching-Gespräch versuchen Coach und Coaching-Partner, bestimmte dominante und möglicherweise belastende Geschichten aus der Realität des Coaching-Partners neu zu interpretieren: Mythen, die nach einer Re-Interpretation und einer Neuerzählung »schreien«. Nach White (2004) beschäftigt sich Dekonstruktion mit Prozessen, die das als gegeben genommene Verständnis von Existenz und Identität unterminieren. Unter Verweis auf Bourdieu (1988) versuchte White (2004), »das Vertraute zu

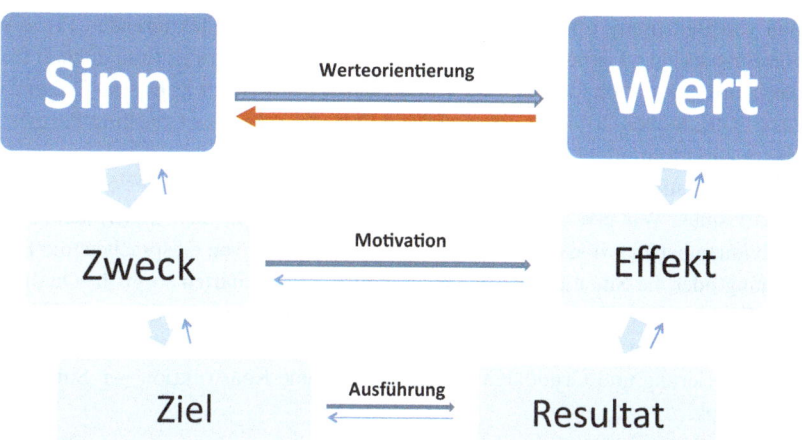

Abbildung 1 Die drei Ebenen der Intentionalität (vgl. Stelter, 2009, 2014; Nitsch 1986)

exotisieren«, das heißt, die Person zum Bruch mit ihrem originär vertrauten Verhältnis zu Lebens- und Denkformen und zu einer Entdeckungsreise in ihr eigenes Leben zu ermutigen; dies wird unweigerlich einen neuen Plot in gewissen Narrationen erzeugen. In Witnessing-Prozessen trägt der beobachtende Teilnehmer durch sein Verständnis dessen, was gesagt wurde, zur Dekonstruktion der Narration bei und ermöglicht so eine Neu-Erzählung oder Erweiterung der existierenden Geschichte.

3.2 Die kollaborative Dimension

Inspiriert von Andersons (1997) stark von postmodernistischen und sozialkonstruktivistischen Ideen beeinflussten Überlegungen, kann der Coaching-Dialog gesehen werden als relationale Form des Wissenserwerbs und als Möglichkeit des Coaching-Partners, durch die verbalen Diskurse zwischen ihm und dem Coach zu einem verbesserten Selbst-Verständnis und größerer Selbst-Erkenntnis zu gelangen. Der Dialog wird zur gemeinsamen Exploration, wo Coach und Coaching-Partner zusammen die Welt erkunden und so eine Gesprächspartnerschaft schaffen. Die zugrunde liegende philosophische Position, von Anderson (2007) für ihre therapeutische Arbeit beschrieben, kann auch als Grundlage der kollaborativen Praxis von Coaching(-Psychologie) dienen: Coach wie Coaching-Partner werden als dialogische Partner gedacht. Beide nehmen teil an der gemeinsamen Produktion von Bedeutung und Wissen und am kollaborativen, reflektierenden Prozess von Entwicklung, Lernen und Transformation, und genau dies ist fundamental für das Third Generation Coaching. Der Coach ist ein »generöser Zuhörer« (Stelter & Law, 2010; Stelter, 2014), der versucht, die Dialogbeiträge des Coaching-Partners weiter auszuführen.

Kollaborative Theorie und Praxis folgen dem Grundprinzip des Sozialkonstruktivismus: Wir erschaffen Bedeutung in Beziehungen, nicht individuell. Als Individuen haben wir keine Kontrolle über das Ergebnis von Gesprächen, die Beziehung oder die Situation; unser kollaboratives Sinn-Schaffen sorgt für Qualität und Fortschritt in Gesprächen, Beziehungen und Situationen (McNamee, 2004). Die kollaborative Perspektive ist Grundlage einer gänzlich neuen Art der Wissensgenerierung und Grundlage für die gemeinsame Konstruktion von Sinn und Bedeutung.

3.3 Grundvoraussetzungen der kollaborativen Praxis

Im Folgenden werden einige grundlegende Voraussetzungen der kollaborativen Praxis beschrieben:

1. *Responsivität (Ansprechempfindlichkeit):* Zentrale Bedingung für einen kollaborativen Dialog ist die gegenseitige Responsivität aller Beteiligten (Coach und Coaching-Partner oder Coach und Coaching-Gruppe). Kollaborative Praxis fördert eine gänzlich neue Gesprächskultur, in der man einander zuhört und sich gegenseitig mit eigenen Gedanken und Reflexionen zu einer bestimmten, von einem Teilnehmer präsentierten Geschichte oder Beschreibung inspiriert (Wittgenstein, 1953).
2. *Relationale Anpassung:* Die Teilnehmerinnen und Teilnehmer müssen bereit sein, sich auf einander einzulassen und gegenseitig Empathie und ein Sich-in-den-anderen-Hineinversetzen zu zeigen. Dies steht im Kontrast zu einer Gesprächskultur, die darauf abzielt, etwas zu beweisen oder recht zu behalten. Stattdessen geht es um das konstante Bemühen der Teilnehmenden, sich aufeinander einzustimmen. Die Zuhörerinnen und Zuhörer sollen sich selbst und ihre durch die Erzählung ausgelösten, anfangs oft unterschwelligen, Empfindungen aufmerksam beobachten sowie die Wirkung der Geschichte auf sich selbst reflektieren. Der Prozess mag einem Tanz ähneln, bei dem die Partner zu einem gemeinsamen Rhythmus finden und einander durch gegenseitiges und geteiltes Verständnis berühren.

3. *Witnessing, Mit-Wissen oder Mit-dem-anderen-Sein:* Relationale Anpassung wird erreicht durch eine spezielle Form des Mit-Denkens, welche Shotter (2006) als »Withness-Thinking« [Sic!] bezeichnet. Für den Zuhörer liegt das Ziel in der Entwicklung einer spezifischen Form von *sensorischer Empathie* mit dem anderen, nicht notwendig als Versuch, wie der andere zu denken und zu fühlen, sondern als Wahrnehmung der anderen Position aus der eigenen Lebensperspektive heraus. Shotter (2006) beschrieb ein Miterleben, das »occurs in those reflective interactions that involve our coming into living, interactive contact with an other's living being, with their utterances, with their bodily expressions, with their words, their »works«« (S. 600). Withness-Thinking wird zum Prozess der gemeinsamen Wissensproduktion zwischen den Dialogpartnern. In einem gegenseitigen Prozess von Withness-Thinking und Präsenz entwickelt sich die Konversation zum dynamischen Dialog zwischen beiden oder – in einer Gruppensituation – allen Coaching-Partnern.

4. *Gesprächsethik:* In einer Coaching-Beziehung richtet sich die Aufmerksamkeit des Coachs auf die empirische Welt des Coaching-Partners. Im Coaching-Dialog vollzieht sich Entwicklung auf der Basis des Withness-Thinking und der empathischen Position des Coachs. In diesem Prozess entwickeln sich beide/alle Teilnehmenden weiter.[4] Fragen ergeben sich anfangs vor allem aus dem Bedürfnis des Coachs, das Withness-Thinking in Bezug auf den Lebenskontext des Coaching-Partners zu etablieren und ein Gespür für die Vorgänge zu entwickeln. In Abgrenzung zu einer strikt narrativen Fragestrategie gemäß einer bestimmten Struktur (Lowe, 2005), sprechen Shotter und Katz (1996) von »striking moments«; Momenten, in denen ein Teilnehmer oder beide Herausforderungen, Bedenken, Verwirrung oder Bewegung in neuer Richtung erleben, in denen eine neue Perspektive aufscheint und der Dialog sich auf Transformation und Entwicklung zubewegt. Das erfordert ein Gespür für Präsenz und die Bereitschaft, sich von den Gedanken und Reflexionen anderer »bewegen« zu lassen. Eine spezifische Gesprächs- oder Diskursethik beginnt, Formen anzunehmen; die Partner sind präsent zum Wohle des anderen ebenso wie zum eigenen Wohl.

---

4 Im Gruppen-Coaching bewegen sich hoffentlich alle vorwärts – jede und jeder auf seine Weise.

4 Third Generation Coaching als narrativ-kollaborativer Dialog

Im Folgenden werden vier Dimensionen für die direkte Anwendung und Ausformung der Third-Generation-Coaching-Praxis angeboten:

1. Anerkennung und Betonung von Stärken und Fähigkeiten
2. Reflexion von Werten, Aspirationen, Wünschen und Träumen
3. Externalisierung, Neu-Erzählung und alternative Geschichten
4. Witnessing

4.1 Anerkennung und Betonung von Stärken und Fähigkeiten

Der Coach geht von folgender Grundannahme aus: Der Coaching-Partner sucht ihn wegen bestimmter Herausforderungen auf, die der Coach ernst nehmen wird. Aber im Coaching-Gespräch konzentriert er sich hauptsächlich auf aufbauende Aspekte und Erfolge des Coaching-Partners, um einen Veränderungs- und Entwicklungsprozess anzustoßen. In der konkreten Intervention werden verschiedene sozialkonstruktivistisch inspirierte Ansätze zu einem narrativ-kollaborativen Prozess kombiniert.

In einer *lösungsorientierten Perspektive* wird der Coaching-Partner angeregt, sein bevorzugtes Zukunftsszenario darzulegen und sich dadurch auf bestimmte Ressourcen zu konzentrieren, die tatsächlich vorhanden sind und sich bereits bei verschiedenen früheren Gelegenheiten gezeigt haben. Gezielt können Coach und Coaching-Partner zu einem Verständnis kommen, das den Weg für eine neue Geschichte ebnet, in welcher der Coaching-Partner Möglichkeiten erkennt, sein bevorzugtes Zukunftsszenario zu realisieren (vgl. hierzu Berg & Szabó, 2005).

Aus einer *wertschätzenden Perspektive* heraus werden folgende drei Kernaspekte des Arbeits- und Lebenskontexts, den der Coaching-Partner beleuchtet, aufgegriffen: Im Gespräch anerkennt und bewertet man das, was ist, am höchsten, stellt sich vor, was sein könnte, und spricht aus, was sein sollte. In einer narrativ-kollaborativen Perspektive können diese drei Elemente drei unterschiedliche Ausgangslagen für die weitere Arbeit ergeben, die zu einer stärker aufbauenden Geschichte über ein spezifisches Thema führen soll (vgl. Orem, Binkert & Clancy, 2007).

Einzelne Perspektiven der *Positiven Psychologie* passen sehr gut zum dekonstruktivistischen Grundmuster, das Coaching als narrativ-kollaborative Praxis ausmacht, insbesondere die Unterstützung der Coaching-Partner bei der Entwicklung optimistischer Erklärungs- und Zuschreibungsweisen. Diese Eigenschaften können als entscheidend für die Entwicklung psychologischer Resilienz angesehen werden. Die Zuschreibungsweisen beginnen sich im Coaching-Dialog zu entfalten, wenn der Coaching-Partner beschließt, eher seine Stärken und positive Fähigkeiten als die problematischen Aspekte seiner Interaktionen mit der Umwelt zu betrachten.

4.2 Reflexion von Werten, Aspirationen, Wünschen und Träumen

Im narrativen Ansatz geht es zentral darum, die Handlungsperspektive des Coaching-Partners, das heißt seine *Handlungslandschaft*, mit seinen Werten, seinem kulturellen Hintergrund, seiner Identität und Selbstwahrnehmung, also seiner *Identitätslandschaft* zu verbinden. Der Coaching-Partner ist fähig, Initiativen zu ergreifen, das Leben in die eigenen Hände zu nehmen und auf der Grundlage persönlicher Bedeutungen und Intentionen zu agieren. In vielen Fällen ist er sich der Werte nicht völlig bewusst, die seine Handlungen bestimmen. Sie existieren implizit in der Handlung. Fragen nach den unterschwelligen Werten hinter den Handlungen können diese aktivieren und einen Prozess von Reflexion und Entwicklung auslösen. Die Handlung erfährt so eine bewusste Verbindung mit Werten und Überzeugungen. Das ist für den Coaching-Partner sehr befriedigend, weil Zweck und Ziel der konkreten Aufgabe in seiner Identität und seinem lang gehegten Streben, seinen Wünschen und Träumen reflektiert und verankert werden. Im Verlauf des Gesprächs stellt sich oft heraus, dass bestimmte Werte und Überzeugungen ihre Wurzeln tief in der Vergangenheit haben und mit gewissen Personen, Situationen und kulturellen Kontexten assoziiert sind, die für den Coaching-Partner bedeutsam sind oder waren. Eine solche Verknüpfung mit der Vergangenheit in Verbindung mit einem zusätzlichen werteorientierten Blick auf künftige Handlungen gilt als wesentliche Arbeitsperspektive im narrativen Coaching. Manche gegenwärtigen Ereignisse und Handlungen sind deutlicher mit früheren Lebenszusammenhängen verknüpft und ebenso mit Bestreben und möglichem Handeln in der Zukunft verbunden. Dies macht die Geschichte des Coaching-Partners über ein bestimmtes Thema reicher und damit sinn- und wertvoller.

Im Eins-zu-eins-Gespräch agiert der Coach als reflektierender Dialogpartner (als Zeuge), zum Beispiel, indem er die Werte und Bedeutungen in den Handlungsweisen des Coaching-Partners anerkennt und reflektiert. Er konzentriert sich auf die möglichen *Effekte* oder *Auswirkungen* eines bestimmten Ereignisses auf den Coaching-Partner. Er könnte Folgendes sagen:

> Ich merke, dass [Ereignis Y] sehr bedeutsam für Sie ist und für Ihre Art zu denken und zu handeln. Können Sie mir ein bisschen mehr darüber erzählen, wie es Ihre Handlungsweise in dem Zusammenhang beeinflusst, den wir gerade besprochen haben?

Im weiteren Verlauf des Gesprächs wird untersucht, wie sich diese Effekte in spezifischen Erfahrungen und anderen mit dem Coaching-Partner verbundenen Ereignissen widerspiegeln. Die Dialogpartner (also Coach und Coaching-Partner zusammen) erkunden mögliche allgemeine Werte und deren Wurzeln in der Vergangenheit des Coaching-Partners. Ziel dieses Prozesses ist, den Plot der Geschichte zu erweitern und *die Erzählung* in aufbauender Richtung *zu verdichten*, um ihr neue Dimensionen hinzuzufügen. Der Coach bittet den Coaching-Partner, die vorgetragenen Werte mit spezifischen Individuen oder Kontexten der Vergangenheit zu verknüpfen:

> Erinnern Sie sich an jemanden von früher, vielleicht jemanden aus der Familie, einen früheren Kollegen, Chef, Lehrer o.Ä., der diese Werte repräsentiert, über die Sie gerade gesprochen haben, und der Ihre heutige Denk- und Handlungsweise beeinflusst haben könnte?

Schließlich können die Werte in ein Gespräch eingebunden werden, das versucht, mögliche künftige Handlungen zu verdeutlichen. Der Coach könnte fragen – indem er sich zum Beispiel auf diese Person aus der Vergangenheit bezieht:

> Was, denken Sie, würde diese Person im Hinblick auf Ihre anstehende Entscheidung vorschlagen?

4.3 Externalisierung, Neu-Erzählung und alternative Geschichten

Die Kernqualität jedes narrativen Prozesses ist abhängig von der kollaborativen Praxis. Daher ist der narrativ-kollaborative Prozess, das *externalisierende Gespräch* und die *Neu-Erzählung*, eine wichtige Methode für den Aufbau des Lerngerüsts des Coaching-Partners, indem man ihm hilft, bestimmte soziale und kulturelle Räume zu erfahren und die Bedeutung dieser Erfahrungen auf der persönlichen Ebene zu verstehen. Dieses Rüstzeug ist nötig, um dem Coaching-Partner den Übergang in die »Zone der nächsten Entwicklung« (Vygotskij, 2002) zu ermöglichen. Ziel ist, den Coaching-Partner weg von einer von anderen gesteuerten Problemlösungsstrategie hin zu einer selbstregulierten Handlungsstrategie in Bezug auf ein gegebenes Thema zu bringen (Nielsen, 2008). Im narrativen Prozess baut man das Gerüst auf dem auf, was für den Coaching-Partner momentan sinnvoll erscheint.

Im externalisierenden Gespräch soll der Coaching-Partner seine Geschichte auf andere Art erzählen. Oft wird sich herausstellen, dass der Coaching-Partner das Problem so verinnerlicht hat, als ob es aus seinen Persönlichkeitsmerkmalen oder -qualitäten hervorgegangen sei. Im narrativen Coaching dagegen geht das Gespräch von einer anderen Grundannahme aus: Das Problem ist nicht der Coaching-Partner als Person. Das Problem ist das *Problem, außerhalb der Person*. Der Coaching-Partner erzählt die Geschichte, indem er dem Problem einen Namen gibt (z.B. »meine Frustration«), mit Blick darauf, *was meine Frustration tut*. Externalisierung bietet dem Coaching-Partner eine neue Perspektive durch eine alternative Art, das Problem zu sehen und zu besprechen (White, 2004).

Für die Neu-Erzählung wird die Geschichte des Coaching-Partners als Manuskript behandelt, das der Coaching-Partner in Zusammenarbeit mit dem Coach geschrieben hat. Dies impliziert, dass der Coaching-Partner frei und fähig ist, seine Lebensgeschichte neu zu schreiben. Im narrativen Coaching werden Re-Authoring-Techniken mit dem externalisierenden Gesprächsprozess verknüpft.

4.4 Witnessing

Als teilnehmende Beobachter (»Zeugen«) reflektieren andere (Coach, andere Mitglieder der Coaching-Gruppe oder geladene Gäste) über ihre Gedanken beim Hören der vom Coaching-Partner erzählten Geschichte, ihre Eindrücke von der *Identitätslandschaft* des Erzählers (Aspirationen, Wünsche, Überzeugungen und Werte) und den Einfluss der Geschichte auf sie selbst, ihr eigenes Streben usw., ihr Leben, ihre Arbeit, ihre Beziehungen usw.

Die Teilnehmerinnen und Teilnehmer wechseln sich als Erzählende und Zuhörende ab. Jeweils eine Person reflektiert über das, was vom Coaching-Partner gerade gesagt wurde, auf der Basis ihrer eigenen Weltsicht, Werte und spezifischen alltäglichen Herausforderungen. Witnessing ist ein wichtiges Element in der Dekonstruktion der existierenden Realität des Coaching-Partners, die belastend, unbefriedigend oder problematisch erscheint. Außenstehende Zeugen helfen den Coaching-Partnern, ihre Realität zu rekonstruieren, teils durch verdichtete Narrationen, die die bisherige Schlussfolgerungen über Leben, Identität und Beziehungen der Person infrage stellen. Dies entspricht der poststrukturalistischen Tradition, Identität als Produkt sozialer Beziehungen zu betrachten. Dieses Auftauchen vollzieht sich im narrativ-kollaborativen Coaching durch *Zeremonien* des Bezeugens und Mit-den-Gedanken-des-anderen-Reflektierens. Identität ist variabel und wird von den Kontexten und Beziehungen, in die die Person eingebunden ist, geformt. Das heißt, alle narrativ-kollaborativen Coaching-Gespräche unterliegen einer dekonstruktivistischen Perspektive aufgrund der Beziehungen zwischen Coach und Coaching-Partnern und aufgrund der Entwicklung neuer, verdichteter Erzählungen über Leben, Kontexte und Beziehungen der Coaching-Partner. Witnessing-Prozesse sind höchst effektiv in Gruppenkontexten. Nachfolgend ein Beispiel: Nachdem der Coaching-Partner der Gruppe ein Ereignis, eine Situation oder Herausforderung geschildert hat, eröffnet der Coach eine Gruppendiskussion anhand folgender Fragen:

Was sehen Sie als bemerkenswert in der Erzählung des Coaching-Partners? – Welcher Ausdruck, welche Formulierung hat Ihre Aufmerksamkeit als Zeuge gefesselt?

Welchen Eindruck gewinnen Sie daraus von Leben, Identität und Welt des Coaching-Partners im Allgemeinen? Was sagt Ihnen dieser Ausdruck oder diese Formulierung über seine Intentionen, Werte, Überzeugungen, Hoffnungen und Ziele?

Was sagt Ihnen dieser Ausdruck oder diese Formulierung in Bezug auf Ihr eigenes Leben?

Inwiefern bewegt Sie die Geschichte? An welcher Stelle hat Sie Ihr Erlebnis dieser Geschichte berührt?

So wird der Zeuge zum Resonanz- oder Klangboden für die Geschichte des Coaching-Partners. Mit der Zeit wird daraus ein gegenseitiger Prozess, in dem das gemeinsame Sinn-Schaffen zum Hauptantrieb für die Entwicklung aller Beteiligten wird.

5 Schlussbemerkungen

Die in diesem Beitrag vorgestellten theoretischen Positionen und Reflexionen diskutieren und analysieren die Merkmale eines neuen Coachings der dritten Generation. Der Ansatz versteht sich als eine Art Manifest für *mehr Symmetrie* im Dialog zwischen Coach und Coaching-Partnern, darf aber nicht als ein geschlossenes, dogmatisches System gesehen werden. Third Generation Coaching ist vielmehr der Versuch, *eine neue Dialogkultur zu entwickeln*. Der Coach verlässt die Rolle des mehr oder weniger neutralen Möglichmachers und bringt sich als *Mitmensch* in den Dialog ein (vgl. Stelter, im Druck). Beim Third Generation Coaching geht es um die Darstellung eigener Reflexionen, deren Mitteilung an andere und die Reflexion dessen, was die anderen gesagt und reflektiert haben. Der Coaching-Partner kann die Gedanken und Reflexionen der Dialogpartner (Coach oder andere Personen) als Impuls verwenden, um seine/ihre eigenen Erfahrungen, Gedanken und Reflexionen zu perspektivieren. Beobachtungsprozesse und andere Formen identitätsbildender Rituale der narrativ-kollaborativen Praxis stellen eine neue Art des Austauschs von Gefühlen, Gedanken, Ideen usw. dar; als Gesprächsformate stärken sie das soziale Kapital von Gruppen und Organisationen (vgl. Stelter et al., 2010). Wir reflektieren, was wir hören, *ohne* zu beurteilen oder zu werten. Dem anderen zuzuhören und Gegenargumente zurückzustellen, setzt eine kollektive Intelligenz frei, deren wir uns viel zu selten bedienen. Auf diese Weise kann Coaching auch zum Impulsgeber neuer sozialer Prozesse werden (siehe Böning & Strikker, 2014).

Literatur

Anderson, Harlene (1997). *Conversation, language, and possibilities: A postmodern approach to therapy.* New York: BasicBooks.
Anderson, Harlene (2007). The Heart and Spirit of Collaborative Therapy: The Philosophical Stance – »A Way of Being« in Relationship and Conversation. In: Harlene Anderson & Diane R. Gehart (Hrsg.), *Collaborative Therapy – Relationships and Conversations that make a Difference* (S. 43–59). New York: Routledge.
Beck, Ulrich (1997). *Was ist Globalisierung?* Frankfurt am Main: Suhrkamp.
Berg, Insoo Kim, & Szabó, Peter (2005). *Brief coaching for lasting solutions.* New York: W. W. Norton.
Böning, Uwe, & Strikker, Frank (2014). Ist Coaching nur Reaktion auf gesellschaftliche Entwicklungen oder auch Impulsgeber. *Organisationsberatung, Supervision, Coaching (OSC), 21*, 483–496.
Bourdieu, Pierre (1988). *Homo academicus.* Stanford, CA: Stanford University Press.

Bruner, Jerome S. (1986). *Actual minds, possible worlds*. Cambridge, MA: Harvard University Press.
Bruner, Jerome S. (1990). Culture and human development: A new look. *Human Development, 33*(6), 344–355.
Bruner, Jerome (2006). Culture, mind and narrative. In: Jerome Bruner, Carol Fleisher Feldman, Mads Hermansen & Jan Mollin (Hrsg.), *Narrative learning and culture* (S. 13–24). Copenhagen: Copenhagen Business School.
Crossley, Michele L. (2003). Formulating narrative psychology: The limitations of contemporary social constructionism. *Narrative Inquiry, 13*(2), 287–300.
Derrida, Jacques (1978). *Writing and Difference*. Chicago: University of Chicago Press.
Ehrenberg, Alain (2004). *Das erschöpfte Selbst – Depression und Gesellschaft in der Gegenwart*. Frankfurt am Main: Campus [frz. Originalausgabe: 1998].
Foucault, Michel (1976). *Mikrophysik der Macht – Über Strafjustiz, Psychiatrie und Medizin*. Berlin: Merve.
Gergen, K.J. (1991). *The saturated self – Dilemmas of identity in contemporary life*. New York: Basic.
Giddens, Anthony (1991). *Modernity and self-identity: Self and society in the late modern age*. Stanford, CA: Stanford University Press.
Greimas, Algirdas J., & Courtès, Joseph (1976). The cognitive dimension of narrative discourse. *New Literary History, 7*(3), 433–447.
Han, Byung-Chul (2009). *Duft der Zeit – Ein philosophischer Essay zur Kunst des Verweilens*. Bielefeld: transcript Verlag.
Han, Byung-Chul (2010). *Müdigkeitsgesellschaft*. Berlin: Matthes & Seitz.
Illeris, Knud (2004). Transformative learning in the perspective of a comprehensive learning theory. *Journal of Transformative Education, 2*(2), 79–89.
Kirkegaard, Tanja, & Brinkmann, Svend (2015). Rewriting stress: Toward a cultural psychology of collective stress at work. *Culture Psychology, 21*(1), 81–94.
Kirkeby, Ole Fogh (2009). *The new protreptic – the concept and the art*. Copenhagen: Copenhagen Business School Press.
Lowe, Roger (2005). Structured methods and striking moments. *Family Process, 44*(1), 65–75.
Luhmann, Niklas (1998). *Die Gesellschaft der Gesellschaft*. Frankfurt am Main: Suhrkamp.
McNamee, Sheila (2004). Social construction as practical theory: lessons for practice and reflection in psychotherapy. In David A. Paré & Glenn Larner (Hrsg.), *Collaborative practice in psychology and therapy* (S. 9–21). New York: The Haworth Clinical Practice Press.
Mezirow, Jack, & Associates (1990). *Fostering critical reflection in adulthood. A guide to transformative and emancipatory learning*. San Francisco, CA: Jossey Bass.
Nielsen, Klaus (2008). Scaffold instruction at the workplace from a situated perspective. *Studies in Continuing Education, 30*(3), 247–261.
Nitsch, Jürgen R. (1986). Zur handlungstheoretischen Grundlegung der Sportpsychologie. In: Hartmut Gabler, Roland Singer & Jürgen R. Nitsch, Einführung in die Sportpsychologie, Teil 1 (S. 188–270). Schorndorf: Hofmann.
Orem, Sara L., Binkert, Jacqueline, & Clancy, Ann L. (2007). *Appreciative coaching – A positive process for change*. San Francisco, CA: Jossey-Bass.

Pohlman, Randolph A., & Gardiner, Gareth S., with Heffes, Ellen M. (2000). *Value driven Management. How to create and maximize value over time for organizational success.* New York: Amacom.
Sampson, Edward E. (1996). Establishing embodiment in psychology. *Theory & Psychology,* 6(4), 601–624.
Shotter, John (2006). Understanding process from within: An argument for withness-thinking. *Organization Studies,* 27(4), 585–604.
Shotter, John, & Katz, Arlene M. (1996). Articulating a practice from within the practice itself: establishing formative dialogues by the use of a »social poetics«. *Concepts and Transformation,* 1, 213–237.
Shotter, John, & Lannamann, John W. (2002). The Situation of Social Constructionism: Its »Imprisonment« within the Ritual of Theory-Criticism-and-Debate. *Theory & Psychology,* 12(5), 577-609.
Stam, Hendrikus J. (Hrsg.) (2001). Social Constructionism and Its Critics. *Theory & Psychology,* 11(3).
Stam, Hendrikus J. (Hrsg.) (2002). Varieties of Social Constructionism. *Theory & Psychology,* 12(5).
Stelter, Reinhard (2007). Coaching: a process of personal and social meaning making. *International Coaching Psychology Review,* 2(2), 191–201.
Stelter, Reinhard (2009). Coaching as a reflective space in a society of growing diversity – towards a narrative, postmodern paradigm. *International Coaching Psychology Review,* 4(2), 207–217.
Stelter, Reinhard (2014). *A guide to third generation coaching. Narrative-collaborative theory and practice.* Dordrecht: Springer.
Stelter, Reinhard (im Druck). The coach as a fellow-human companion. In: Llewellyn E. van Zyl, Aletta Odendaal & Marius W. Stander (Hrsg.), Meta-theoretical Perspectives and Applications for Multi-cultural Contexts of Coaching Psychology. New York: Springer.
Stelter, Reinhard, & Law, Ho (2010). Coaching – narrative-collaborative practice. *International Coaching Psychology Review,* 5(2), 152–164.
Stelter, Reinhard, Nielsen, Glen, & Wikman, Johan Michael (2011). Narrative-collaborative group coaching develops social capital – A randomized control trial and further implications of the social impact of the intervention. *Coaching: Theory, Research and Practice,* 4(2), 123–137.
Vygotskij, Lev S. (2002). *Denken und Sprechen.* Weinheim: Beltz [russische Erstausgabe: 1934].
Wainwright, David, & Calnan, Michael (2002). *Work stress: The making of a modern epidemic.* Buckingham: Open University Press.
Wenger, Etienne (1998). *Communities of pratice. Learning, meaning and identity.* Cambridge: Cambridge University Press.
White, Michael (2004). Narrative practice and the unpacking of identity conclusions. In: ders., *Narrative practice and exotic lives: Resurrecting diversity in everyday life* (S. 119–148). Adelaide: Dulwich Centre Publications.
White, Michael (2007). *Maps of narrative practice.* New York: Norton.
Wittgenstein, Ludwig (1953). *Philosophical investigations.* Oxford: Blackwell.

Über den Autor

Reinhard Stelter, Dr., ist Professor für Sport- und Coachingpsychologie an der Universität Kopenhagen und Gastprofessor an der Copenhagen Business School (Master of Public Governance). Deutscher Staatsbürger. Lebt und arbeitet seit 30 Jahren in Dänemark. Dr. der Psychologie, Ausbildung als Psychotherapeut. Akkreditiertes Mitglied und Honorary Vice-President der International Society for Coaching Psychology. Invited Founding Fellow und Mitglied des Scientific Advisory Council, Institute of Coaching at Harvard Medical School; Mitglied des Advisory Boards, Dozent und Senior Coach am Copenhagen Coaching Center (EMCC Master Level Accreditation). Autor des Buches "A Guide to Third Generation Coaching - Narrative Collaborative Theory and Practice", aktuell bei Springer Science + Business Media.
E-Mail: rstelter@nexs.ku.dk,
Internet: www.nexs.ku.dk/coaching und www.rstelter.dk

Die Bewertung von Coaching-Prozessen als ethische Herausforderung

Harald Geißler

Die Antwort auf die Doppelfrage, wie Coaching-Prozesse professionell zu bewerten und welche ethischen Ansprüche an die Bewertung von Coaching-Prozessen zu stellen sind, gibt Auskunft über den Professionalisierungsgrad von Coaching. Aus diesem Grunde kommt der Frage nach der Coaching-Ethik für die Professionalisierung von Coaching eine zentrale Rolle zu.

Bei der Suche nach einer Antwort auf die Frage nach einer Coaching-Ethik ist es sinnvoll, an den in Coaching-Wissenschaft und -Praxis vorherrschenden Konsens anzuschließen, dass Coaching eine soziale Praxis ist, die sich durch den – wie auch immer ausgelegten bzw. konkretisierten – Anspruch und Selbstanspruch definiert, für den Klienten etwas Positives zu bewirken. Aber was heißt das im Einzelnen? Und welche Bedeutung hat dabei die Verantwortung gegenüber der Gesellschaft?

Um diese Fragen zu beantworten und in diesem Sinne zur Professionalisierung von Coaching beizutragen, soll im Folgenden zunächst geklärt werden, worin die – nicht zuletzt auch ethische – Problematik der Bewertung von Coaching-Prozessen besteht (Abschnitt 1). Anschließend werfen wir einen Blick auf den wissenschaftlichen Diskurs über die Bewertung von Coaching-Prozessen (Abschnitt 2) und auf die Ethik-Codes der Coaching-Verbände (Abschnitt 3), um im vierten Abschnitt

---

Prof. Dr. Harald Geissler (✉)
Hamburg, Deutschland
E-Mail: Harald.Geissler@hsu-hh.de

die Ethik-Falle zu diskutieren, in der sich Coaching im Kontext der Globalisierung befindet. Dieser Falle kann wirksam begegnet werden, wenn man Coaching als *Bildungsprozess* versteht und die Bewertung von Coaching-Prozessen an eine konzeptionelle Begründung von Coaching bindet, die beansprucht, in ihrem Kern bereits eine ethische Begründung zu sein (Abschnitte 5 und 6). Was das konkret für die Praxis der Bewertung von Coaching-Prozessen bedeutet, wird abschließend im siebten Abschnitt ausgeführt.

1 Die multiple Problematik der Bewertung von Coaching-Prozessen

Bei allen Unklarheiten und Fraglichkeiten der Bewertung von Coaching-Prozessen scheint eines klar zu sein: Die Qualität von Coaching-Prozessen wird durch die Qualität der Unterstützung bestimmt, die der Coach[1] dem Klienten anbietet, um seine Coaching-Problematik zu erkennen und zu lösen. Für die Qualität der Bewertung von Coaching-Prozessen bedeutet dies, dass ihre Qualität durch die Qualität der Unterstützung bestimmt wird, die der Bewerter dem zu bewertenden Coach anbietet, Verbesserungsmöglichkeiten seiner Coaching-Kompetenz zu erkennen und zu entfalten. Und mit Bezug auf diejenigen, die als außenstehende Leserinnen und Leser das Transkript des entsprechenden Coaching-Prozesses lesen, bedeutet es, dass die Qualität der Coaching-Bewertung durch die Qualität der Angebote bestimmt wird, die der Bewerter der Leserschaft zur positiven Weiterentwicklung seiner Coaching-Kompetenz gibt.

Diese Statements enthalten folgende Implikationen: Die erste ist, dass bei der Bewertung von Coaching-Prozessen mehrere Praxen im Spiel sind und miteinander systematisch in Beziehung stehen, nämlich die Problembearbeitungspraxis des Klienten, die Coaching-Praxis des Coachs, die Beratungs- bzw. Supervisionspraxis derjenigen, die die Coaching-Praxis des Coachs bewerten, und schließlich die vielfältigen gesellschaftlichen Praxen derjenigen, die diese Beratungs- und Supervisionspraxis – vom Standpunkt eines Coaching-Verbandes, eines Forschungsinstituts, einer Partei oder einer thematisch interessierten Non-Governmental Organization – beobachten und bewerten.

Zu der eben angesprochenen ersten Implikation kommt eine zweite hinzu. Denn diese Praxen werden durch eine *multiple Soll-Ist-Problematik* bestimmt. Damit ist

---

1 Allein aus Gründen einer angenehmeren Lesbarkeit wird in diesem Beitrag oft nur die männliche Sprachform gewählt. Tatsächlich sind aber immer gleichermaßen Frauen wie Männer gemeint.

zunächst einmal gemeint, dass das, was wir als Problem bezeichnen, sich auf eine Soll-Ist-Differenz bezieht und dass in diesem Sinne Probleme immer Relationen sind. Daraus folgt zweierlei, nämlich erstens, dass es für ihre Lösung immer zwei Referenzpunkte gibt, nämlich die Veränderung der Ist-Lage und/oder die Veränderung der Soll-Vorstellung und zweitens, dass die Ist-Lage grundsätzlich immer nur vom Standpunkt der Soll-Vorstellung betrachtet und analysiert werden kann.

Mit Bezug auf diese Zusammenhänge kann man *wohldefinierte und schlecht definierte Probleme* (Minsky, 1961) unterscheiden. Wohldefinierte Probleme zeichnen sich dadurch aus, dass die Soll-Vorstellung klar und sicher erkannt werden kann. Ein Beispiel hierfür ist die gewünschte Raumtemperatur, mit Bezug auf die man das Problem eines unterkühlten oder überhitzten Raumes eindeutig definieren kann. Für schlecht definierte Probleme hingegen ist es charakteristisch, dass die Soll-Vorstellung unklar bzw. unsicher ist und deshalb selbst ein Problem darstellt. Denn es gibt hier eine Differenz zwischen der Soll-Vorstellung, wie sie zu einem bestimmten Zeitpunkt und unter bestimmten Umständen ist, und der Soll-Vorstellung, wie sie unter idealen Bedingungen wäre – und sein sollte, was zur Folge hat, dass auch die aktuelle Ist-Vorstellung nicht so ist, wie sie unter günstigen Umständen sein würde.

Der Grad der Unsicherheit wird durch die Anzahl der Praxen bestimmt, die im Spiel sind. Aus diesem Grunde liegt der Bewertung von Coaching-Prozessen nicht eine einfache, sondern eine multiple Soll-Ist-Problematik zugrunde.

Die erste Problemschicht bezieht sich auf die Klientenpraxis und besteht darin, dass die Soll-Vorstellung, die der Klient von seiner Coaching-Problematik hat, überprüfungsbedürftig ist, was zur Folge hat, dass entsprechend auch die Vorstellung über seine Ist-Situation überprüfungsbedürftig ist.

Die zweite Problemschicht bezieht sich auf die Praxis des Coachs. Denn es muss davon ausgegangen werden, dass er die Aufgaben, die sich ihm im Coaching-Prozess stellen, nicht a priori perfekt löst und dass deshalb eine Bewertung seines Coachings sinnvoll ist. Die Bewertung von Coaching-Prozessen muss sich dabei auf die Aufgabe beziehen,

- dass der Coach angemessen erkennen muss,
  - welche Soll-Vorstellung der Klient in seiner Coaching-Problematik hat und wie diese gegebenenfalls durch seine noch vorliegende Coaching-Problematik verzerrt wird
  - und welche Soll-Vorstellung er haben würde, wenn diese Verzerrungen sich aufgelöst hätten;
- und dass er angemessen erkennen muss,

- wie der in seiner Coaching-Problematik verstrickte Klient seine Ist-Situation tatsächlich wahrnimmt
- und wie er sie wahrnehmen würde, wenn er seine Problematik perfekt bewältigt hätte.

Zu diesen beiden Praxen, das heißt zu der Klienten- und Coach-Praxis, kommt bei der Bewertung von Coaching-Prozessen noch eine dritte Praxis hinzu, nämlich die Bewertungspraxis. Auch diese Praxis ist überprüfungsbedürftig. Denn es gibt keinen Grund zur Annahme, dass jede Bewertung eines Coaching-Prozesses perfekt ist. Es ist deshalb notwendig, jede durchgeführte bzw. vorgelegte Bewertung eines Coaching-Prozesses selbst noch einmal zu bewerten bzw. bewerten zu lassen, zum Beispiel durch Coaching-Verbände, Forschungsinstitute oder andere zivilgesellschaftliche Institutionen (s. Abbildung 1).

Mit dieser Praxis haben wir aber nicht den End- und Bezugspunkt für die Bewertung von Coaching-Prozessen erreicht. Denn für moderne Gesellschaften ist charakteristisch, dass es keine oberste Bewertungsinstanz, also auch keinen Coaching-Bewertungs-»Papst« gibt, sondern dass eine überzeugende Lösung der Bewertungsproblematik von Coaching – und ähnlichen Praxen – einzig und allein darin bestehen kann, sie so zu prozessualisieren, dass sie in einer unendlichen Re-Entry-Schleife grundsätzlich offengehalten werden, und zwar in inhaltlicher und personaler Hinsicht. Es muss also a priori offen sein, wie ein Coaching-Prozess bewertet wird und wer sich an einem solchen Diskurs beteiligen darf.

Die so strukturierte multiple Soll-Ist-Problematik der Bewertung von Coaching-Prozessen ist nicht nur eine soziale bzw. gesellschaftliche Steuerungsproblematik, sondern auch und im Wesentlichen eine *ethische* Problematik. Denn für die Praxis, die hier im Spiel ist, gilt das, was für jede menschliche Praxis gilt, dass sich in ihr nämlich, wie Dietrich Benner (1991, S. 25ff.) gezeigt hat, die Eigentümlichkeit unseres menschlichen Daseins spiegelt, eine Zwischenstellung einzunehmen – zwischen der *Natur*, die sich ihrer selbst nicht bewusst und deshalb nicht in der Lage ist, ihr Schicksal zu verantworten und zu steuern, und der übernatürlichen Sphäre des *Göttlichen,* die sich – ganz unabhängig davon, ob man an Gott glaubt oder nicht – durch das Merkmal der Perfektheit, also Allmacht, Allwissenheit u.Ä. auszeichnet. Diese Zwischenstellung macht unser menschliches Dasein und Leben zu einem *moralischen Projekt.* Denn in jedem Moment unseres Lebens müssen wir unsere Praxis gestalten, indem wir uns ein Bild von ihrem Ist- und Soll-Zustand machen und mit Bezug auf diese Differenz entscheiden, ob beziehungsweise wie wir handeln. Was wir als Ist-Zustand betrachten, welchen Soll-Zustand wir für wünschenswert halten und wie wir mit der Soll-Ist-Differenz praktisch umgehen – diese dreifache Entscheidung, das heißt Praxisgestaltung, müssen wir gegenüber

Die Bewertung von Coaching-Prozessen als ethische Herausforderung

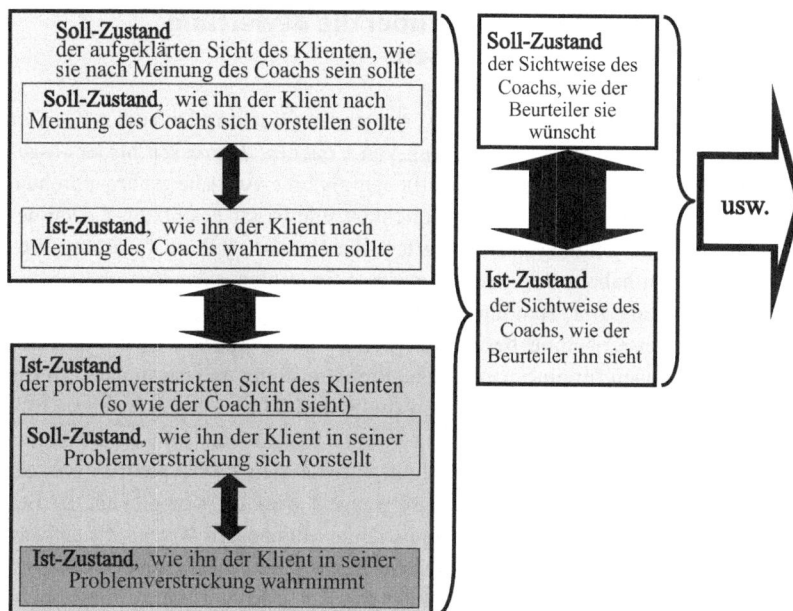

Abbildung 1 Die multiple Soll-Ist-Problematik der Bewertung von Coaching-Prozessen

allen verantworten, die von ihr direkt und indirekt, kurz- und langfristig betroffen sind. Wir müssen sie deshalb ethisch reflektieren und uns darüber im Klaren sein, dass wir auf der einen Seite – gottähnlich – unsere Praxis gestalten können und deshalb auch verantworten müssen, dass wir auf der anderen Seite aber auch auf vielfältige Grenzen stoßen, die wir – ähnlich wie die Natur – nicht aus eigener Kraft überschreiten können, gleichzeitig aber – im Gegensatz zur Natur – verantwortlich managen müssen.

Hieraus leitet sich das moralische Gebot ab, einer *zweifachen Versuchung* zu widerstehen, nämlich zum einen der Verführung, zu meinen oder zu versuchen, – gottähnlich – perfekt zu sein oder zu werden, und zum anderen der Versuchung, aus Bequemlichkeit oder Angst sich in die scheinbaren Unabänderlichkeiten und Notwendigkeiten einer vermeintlich unverfügbaren Evolution zu fügen.

Diese Merkmale jeder menschlichen Praxis und die daraus resultierenden allgemeinen ethischen Anforderungen gelten auch für die Praxen, die bei der Bewertung von Coaching-Prozessen im Spiel sind, also für die Praxis des Klienten, des Coachs, des Bewerters von Coaching-Prozessen und für die verschiedenen Praxen derjenigen, die die Praxis der Coaching-Bewertung bewerten.

2 Der Coaching-Diskurs über die Bewertung von Coaching-Prozessen

Es gehört zu den Auffälligkeiten des vorliegenden Coaching-Diskurses (Geißler & Wegener, 2015), dass die Bewertung von Coaching-Prozessen bisher insgesamt wenig reflektiert und im Wesentlichen als eine Aufgabe wahrgenommen wird, ausgehend von einer nach Möglichkeit empirisch gestützten Coaching-Theorie, die Entscheidungen zu bewerten, die Coachs in ihren Coaching-Prozessen getroffen haben. Besonderes Interesse findet dabei die Hypothese, dass es »Wirkfaktoren« gibt, Handlungen bzw. Entscheidungen des Coachs, die für ein erfolgreiches Coaching besonders wichtig sind, weil von ihnen verstärkt positive Wirkungen für eine erfolgreiche Problemlösung und damit auch für die Zufriedenheit des Klienten zu erwarten sind (Greif, 2015; Seeg & Schütz, 2015; Wastian, 2015).

Mit Blick auf den im letzten Abschnitt entwickelten Problemaufriss entsteht dabei der Eindruck, dass auf diese Weise versucht wird, die Komplexität der Bewertung von Coaching-Prozessen zu reduzieren. Mit anderen Worten: Es entsteht der Anschein oder der Verdacht, dass versucht wird, den Diskurs über Coaching-Theorien mit dem Diskurs über sozialwissenschaftliche Analyseverfahren so zu verbinden, dass es möglich wird, für die Bewertung von Coaching-Prozessen einen *finalen Bezugspunkt* zu finden, der selbst nicht mehr infrage gestellt werden muss. Sollte ein solcher Versuch gelingen, wäre die Bewertung von Coaching-Prozessen nicht ein *moralisches* Projekt, das ethisch zu reflektieren ist, sondern ein *sozialtechnologisches* Projekt. Denn im Mittelpunkt dessen, was es bei der Bewertung von Coaching-Prozessen zu bewerten gilt, stünde die Steuerungsleistung des Coachs, mithilfe von Wirkfaktoren dem Klienten möglichst wirksam zu helfen, dass er zu einer befriedigenden Lösung seines Problems gelangt. Die empirische Coaching-Forschung wäre entsprechend aufgerufen, vermehrt belastbares Wissen über jene Wirkfaktoren zu generieren, und zwar mit dem doppelten Ziel, zum einem dem Coach mehr und besseres Wissen zu liefern, wie er Coaching-Prozesse erfolgreich steuern kann, und zum anderen mehr und besseres Wissen zu liefern für die Bewertung von Coaching-Prozessen, das heißt für die Bewertung der Steuerungsaktivitäten, die die zu bewertenden Coachs im Coaching-Prozess produzieren.

Ein solcher Zugriff ist *ethisch problematisch*, weil er gegen die oben im Anschluss an Benner dargelegten Grundbedingungen menschlichen Daseins verstößt. Denn es wird hier implizit von der Bedingung ausgegangen, dass die Soll-Vorstellungen, mit Bezug auf die die Ist-Situation der Coaching-Problematik von Klienten zu analysieren und zu lösen ist, zweifelsfrei identifiziert werden können, wenn auch nicht unbedingt vom Klienten und/oder vom Coach, so zumindest doch von denjenigen, die den Coaching-Prozess bewerten.

3 Die Ethik-Codes der für Coaching relevanten Berufsverbände

Die Erkenntnis, dass der Coaching-Diskurs Fragen der Coaching-Ethik nicht oder nur wenig mit der Bewertung von Coaching-Prozessen in Verbindung bringt, lenkt den Blick auf den Bereich des Coaching-Diskurses, der sich mit den sogenannten Ethik-Codes befasst.

Während im deutschsprachigen Bereich hier der Round Table der Coaching-Verbände (www.roundtable-coaching.eu) zu nennen ist, fühlen sich die Coachs im englischsprachigen Bereich weithin auch durch die Psychologenverbände vertreten (Brennan & Wildflower, 2010; Lowman, 2013).

Im Positionspapier bzw. Commitment des Round Table der Coaching-Verbände, mit dem Coaching als Profession markiert wird, findet man unter der Überschrift »Ethik« folgende Ausführungen:

> Der Coach ist einem humanistischen Menschenbild verpflichtet und begegnet dem Klienten mit Wertschätzung und Respekt. Er hat ein demokratisch-pluralistisches Gesellschaftsverständnis und achtet die gesellschaftlichen und religiösen Deutungskonzepte des Klienten. Der Coach distanziert sich öffentlich von allen Lehren oder ideologisch gefärbten, sektenhaft ausgerichteten oder manipulativen und dogmatischen Bildungsangeboten. Die Angaben über Ausbildung, Titel und Erfahrungen des Coachs müssen den Tatsachen entsprechen und eindeutig formuliert sein, um irreführende Schlussfolgerungen auszuschließen. Der Coach informiert darüber hinaus über seine Vorgehensweise und bietet eine realistische Einschätzung der zu erwartenden Erfolge und Auswirkungen des Coachings. Der Coach verpflichtet sich zur Verschwiegenheit und zur aktiven Sicherung der ihm anvertrauten Informationen. Die Schweigepflicht gilt in dem zu Beginn der Beratungsbeziehung vereinbarten Umfang auch ggf. gegenüber der beauftragenden Organisation, die das Coaching finanziert. Ein Missbrauch der Datenschutzverpflichtung liegt vor, wenn der Coach persönliche Vorteile aus diesen Informationen zieht. Die Weitergabe von Informationen ist nur mit ausdrücklichem Einverständnis des Klienten statthaft. (Roundtable 2015, S. 3f.)

Ein recht ähnliches Bild zeigt sich in den Ethik-Codes des englischsprachigen Bereichs. Brennan und Wildflower (2010, S. 370) fokussieren in ihrem zusammenfassenden Überblick auf folgende fünf Gebote: »(1) Do no harm: do not cause needless injury or harm to others. (2) Duty of care: Act in ways that promote the welfare of other people. (3) Know your limits: Competence and practise with your scope. (4) Respect the interests of the client. (5) Respect the law.«

Zu einer ganz ähnlichen Strukturierung kommt auch Lowman (2013), der folgende acht Ethik-Prinzipien unterscheidet: »Competence« (a.a.O., S. 72f.), »No Harm« (S. 74f.), »Integrity« (S. 75f.), »Informed Consent« (S. 76ff.), »Avoiding or Effectivly Managing Multiple Relationships« (S. 78f.), »Confidentiality« (S. 79ff.), ein bestimmter Umgang mit »Conflicts of Interest« (S. 81ff.) und »Being Multiculturally and Internationally Competent« (S. 83f.).

Mit Bezug auf Interessenkonflikte, das heißt »situations in which the coach has a vested interest in the outcome of a particular coaching engagement that may be incompatible with the needs of the client or in which a conflict of interest clouds judgement« (Lowman, 2013, S. 81), bedeutet dies nach Auffassung der American Psychological Association (APA, 2002) Folgendes:

> Psychologists refrain from taking on a professional role when personal, scientific, professional, legal, financial, or other interests or relationships could reasonably be expected to (1) impair their objectivity, competence, or effectiveness in performing their functions as psychologists or (2) expose the person or organization with whom the professional relationship exists to harm or exploitation. (A.a.O., S. 1065, zit. nach Lowman, 2013, S. 81)

Dieser Überblick bestätigt die Einschätzung von Lowman (2013, S. 72), dass die vorliegenden sogenannten Ethik-Codes für Coaching unter einem gewissen Praxisdruck entwickelt wurden, der auf pragmatische Lösungen drängte und nicht auf die philosophische Reflexion der zugrunde liegenden Problematik.

Legt man den im Ethik-Diskurs weithin vorherrschenden Konsens zugrunde, dass zwischen Moral und Ethik unterschieden werden muss, wobei »Moral« die gelebten Normen und Werte bezeichnet und Ethik ihre philosophische Reflexion, geben die Ethik-Codes für Coaching Einblicke in die Moral, welche die für Coaching relevanten Berufsverbände als Standards von professionellem Coaching vorschreiben, ohne sie jedoch philosophisch zu reflektieren oder zu begründen.

Will man sich dieser Aufgabe indessen nicht entziehen, erscheint es sinnvoll, Coaching-Ethik im Zusammenhang mit der Aufgabe zu sehen, die Coaching im gesellschaftlichen Kontext wahrzunehmen hat. Hierzu nimmt der Round Table der deutschen Coaching-Verbände folgendermaßen Stellung:

> Der wachsende Zuspruch, den das Coaching erfährt, steht in auffälligem Zusammenhang mit den gesellschaftlichen Wandlungsprozessen. Die steigende Komplexität, Flexibilität und Beschleunigung der globalisierten Netzwerkökonomie

hat die Anforderungen an den Einzelnen in der Arbeitswelt stark verändert. Das Arbeitsleben ist heute zunehmend charakterisiert durch eine gestiegene Erwartung an die Eigenständigkeit, Entscheidungsfähigkeit und Eigenverantwortung des Einzelnen. Zugleich sind die Bereitschaft und Fähigkeit zur kooperativen Interaktion und effizienten Kommunikation unter den Bedingungen eines sich unablässig verändernden Arbeitsumfeldes notwendige Kompetenzen im Arbeitsprozess. Vor dem Hintergrund dieser Anforderungen besteht die zentrale Aufgabe von Coaching in der Stärkung und Förderung der arbeitsbezogenen (Selbst-)Reflexionsfähigkeit, der Orientierungs- und Entscheidungsfähigkeit sowie der Handlungskompetenz der Person (bzw. Personengruppen). Coaching unterstützt die Resilienz der Person und ihre Fähigkeit zu (selbst-)verantwortlichem Handeln insbesondere in Situationen individueller, organisationaler und gesellschaftlicher Veränderung. Coaching stärkt und fördert den individuellen Entwicklungs- und Bildungsprozess – auch im Sinne der Idee des »lebenslangen Lernens«. (Roundtable, 2015, S. 2)

Die in dieser Passage umrissene gesellschaftliche Aufgabe von Coaching lässt sich unterschiedlich deuten. Die eine Möglichkeit, die im nächsten Abschnitt genauer ausgeführt wird, besteht darin, Coaching als hybride Praxis wahrzunehmen, die in einer spezifischen Weise psychologische mit ökonomischen Merkmalen verbindet, um den Ansprüchen der mit dem Stichwort »Globalisierung« markierten gesellschaftlichen Veränderungen Rechnung zu tragen. Die andere Möglichkeit, die im fünften Abschnitt entfaltet wird und allem Anschein nach auch dem Verständnis des Round Table der deutschen Coaching-Verbände entspricht, besteht darin, Coaching als einen, wie es im Zitat heißt, »individuellen Entwicklungs- und Bildungsprozess« zu verstehen und in diesem Sinne Coaching als *erwachsenenpädagogische Praxis* wahrzunehmen, die bildungstheoretisch zu reflektieren bzw. zu begründen ist.

4 Coaching als hybride, psychologische und ökonomische Merkmale verbindende Praxis

Der Gedanke, Coaching als hybride Praxis zu konzeptionalisieren, die in einer spezifischen Weise psychologische mit ökonomischen Merkmalen verbindet, lässt sich mit Bezug auf Fritz B. Simons (1998) »Radikale Marktwirtschaft« begründen und entfalten. Es handelt sich um eine Theorie, welche die Konsequenzen reflektiert, die sich durch die moderne Datenverarbeitungs- und -übertragungstechnik ergeben, mit der man nun auch Leistungen des menschlichen Gehirns substituieren kann. Um in der Wirtschaft – und im Weiteren auch in der Gesellschaft – die nicht zuletzt auch ökonomischen Möglichkeiten dieser revolutionären Innovation möglichst konsequent zu entfalten, war und ist es notwendig, das traditionelle

Paradigma hierarchisch reglementierender Top-down-Steuerung möglichst weitgehend durch eine *prinzipiengeleitete Selbststeuerung* zu ersetzen, und zwar nicht nur im interpersonellen, sondern auch im intrapsychischen Bereich. Wesentliches Merkmal des neuen Steuerungsparadigmas ist deshalb, dass die traditionell taylorisch-fordistisch starr segmentierte und bürokratisch reglementierte Top-down-Steuerung sowohl auf der Ebene des Einzelnen als auch auf der kleiner, mittlerer und großer Organisationseinheiten durch *Selbststeuerung* in Verbindung mit *Verganzheitlichung bzw. Entgrenzung* von Arbeiten und Lernen sowie Führung und Kooperation zurückgedrängt bzw. aufgeweicht wird (vgl. Baecker, 2003; Baethge & Baethge-Kinsky, 2006; Baethge & Schiersmann, 1998; Luhmann, 1984).

Das wesentliche Merkmal dieses Paradigmenwechsels ist, dass einerseits von Fremdsteuerung auf Selbststeuerung umgesteuert wird, dabei andererseits das traditionelle Prinzip der Marktwirtschaft – das Prinzip nämlich, dass alle Marktteilnehmer in wechselseitiger Konkurrenz stehen und die ihnen vorliegenden bzw. zugänglichen sachlichen und personalen Bedingungen als Mittel für das Ziel individueller Gewinnoptimierung nutzen bzw. ausbeuten – nicht aufgegeben, sondern weiter perfektioniert wird.

Dieses Grundprinzip radikalisierte sich mit der »Erfindung« von Coaching. Denn Coaching bot die Möglichkeit, dieses Grundprinzip auch auf den Umgang mit den eigenen personalen Bedingungen anzuwenden und damit die Selbstausbeutung zu optimieren. Wie bereits das Positionspapier des Round Table der deutschen Coaching-Verbände betont, scheint es kein Zufall zu sein, dass Coaching in den 1980er-Jahren entstand, in der Frühphase der Globalisierung unserer Wirtschaft und Gesellschaft, in der es galt, den Herausforderungen der Risikogesellschaft (Beck, 1986) zu begegnen (vgl. Geißler, 2006, 2008).

Ein so verstandenes Coaching hat die gesellschaftliche Aufgabe darin, dass es den Klienten anleitet,

- seine *Leistung bzw. Leistungsfähigkeit* zu überprüfen und zu verbessern, und zwar durch die Verbesserung seines *zweckrationalen* Umgangs mit Ressourcen, das heißt Geld, Information, Material, Beziehungen zu anderen und *last not least* auch eigene Fähigkeiten und Motivationen;
- seine *Sozialität bzw. seine sozialen Fähigkeiten* zu überprüfen und mit Bezug auf die an ihn gestellten organisationalen Funktionalitäts- und Loyalitätsansprüche zu verbessern;
- schließlich seine *Persönlichkeit bzw. Persönlichkeitsentwicklung* auf einen *einerseits authentischen und andererseits funktionalen* Umgang mit sich selbst auszurichten.

Wenn Coaching das Grundprinzip der Marktwirtschaft auf den Umgang des Einzelnen mit sich selbst ausweitet und seine Aufgabe darin sieht, den Klienten bei der Optimierung seiner Selbstausbeutung zu unterstützen, gerät es in eine *moralische Falle*. Denn mit der gerade angesprochenen Ausweitung marktwirtschaftlicher Prinzipien wird eine – im nächsten Abschnitt noch genauer zu betrachtende – Grenze überschritten, welche die *Bedingungen von Humanität* sichert.

Eine wichtige Voraussetzung dafür, dass die Grenzüberschreitung möglich wurde, war und ist die Tatsache, dass sie im Coaching-Diskurs nicht hinreichend reflektiert wird, und zwar nicht zuletzt deshalb, weil der Coaching-Diskurs insgesamt markante Defizite der konzeptionellen Reflexion von Coaching aufweist. So ist heute immer noch unklar, was man unter Coaching konzeptionell im Einzelnen zu verstehen.

Dieses *Konzeptionalisierungsdefizit* ist wohl kein Zufall. Es spricht einiges dafür, dass sich darin die Globalisierungsdynamik spiegelt, deren wesentliches Merkmal – so Beck (1986) – darin besteht, dass sich gesellschaftliche Entwicklungen reflexhaft unreflektiert vollziehen.

Zu diesem Bild passt die Tatsache, dass die Entwicklung von Coaching bisher ihre wesentlichen Impulse und Triebkräfte hauptsächlich aus der Praxis erhielt und sehr viel weniger aus der Wissenschaft. Nicht trotz des Mangels an wissenschaftlicher Reflexion und Klarheit, sondern vor allem wegen dieses Mangels wurde es also möglich, dass Coaching seit der Jahrhundert- bzw. Jahrtausendwende kometenhaft aufstieg und eine Erfolgsgeschichte feiern konnte. Und es ist kein Zufall, dass die konzeptionellen Unsicherheiten, Unklarheiten und offenen Fragen, die Wolfgang Looss 1991 formuliert hat, heute noch aktuell sind:

> Wer [...] wen in welcher Form berät oder trainiert, anleitet oder anfeuert und zu welchen Themen, darüber sind sich weder Anbieter noch Nutzer dieser jungen Dienstleistung besonders einig. [...] es herrscht wenig Einigkeit darüber, wer eigentlich ein Coach ist, wer einer sein kann, sein darf oder sein soll. Es ist auch strittig, ob es sich beim Coach um eine Funktion handelt, die man etwa als Vorgesetzter zu übernehmen habe, oder gar um einen Beruf, mit dem sich im Zuge der Beratungseuphorie schnell viel Geld verdienen lässt. Es ist auch [...] unklar geblieben, ob und wie sich ein Coach im Einzelnen denn nun von einem Unternehmensberater, einem Vorgesetzten, einem guten Freund, einem Sozialarbeiter, einem Managementtrainer oder einem Psychotherapeuten unterscheidet. (A.a.O., S. 13f.)

Diese Unsicherheiten und Unklarheiten der Startphase von Coaching prägten seine weitere Entwicklung und erzeugten »Altlasten«, die bis heute nachwirken. Sie zeichnen sich dadurch aus, dass Coaching vor allem mit Bezug auf *formale Kriterien* definiert wird (wie Freiwilligkeit der Teilnahme, Auftragsorientierung durch den Klienten, Vier-Augen-Prinzip des Coaching-Prozesses, Verschwiegenheitsverpflichtung des Coachs und relativ enge zeitlich Begrenzung). In methodischer und ethischer Hinsicht hingegen besteht Einigkeit nur darüber, dass Coaching sich am Modell der Prozessberatung orientieren sollte und als *Hilfe zur Selbsthilfe und Selbstverantwortung* durch eine verbesserte *Selbstwahrnehmung und -reflexion* des Klienten anzulegen ist (Rauen, 2005, S. 113). Außer Acht bleibt dabei aber, wie der Gefahr zu begegnen ist, dass diese Selbsthilfe und Selbstverantwortung dem übergeordneten Prinzip der Marktwirtschaft dient, die Selbstausbeutung des Klienten zu optimieren, um ihn so optimal in die Dynamik der Globalisierung zu integrieren.

Dieses allem Anschein nach systematische – das heißt für die Globalisierung wichtige – Reflexionsdefizit scheint eine wichtige Bedingung für die oben angesprochene moralische Falle zu sein, in der Coaching sich befindet.

Wenn dieser Zusammenhang nicht reflektiert wird, gerät die moralische Falle darüber hinaus zur *Ethik-Falle*. Sie besteht darin, dass die Entwicklung einer konzeptionellen Vorstellung darüber vernachlässigt wird, worin das *Humanum* besteht, dem Coaching zu dienen hat das Coaching gegen grenzüberschreitende Übergriffe marktwirtschaftlicher Prinzipien zu schützen hat. – Eine solche Vorstellung soll im nächsten Abschnitt umrissen werden.

5 Der Schlüssel für den Weg aus der Ethikfalle der Globalisierung: Coaching als (erwachsenen-) pädagogische Praxis in individueller und gesellschaftlicher Verantwortlichkeit

Die Alternative zu der Möglichkeit, Coaching als eine Praxis zu denken, in der sich psychologische und ökonomische Merkmale verbinden und die Coaching zum Medium einer sich den Bedingungen der Globalisierung anpassenden Selbstausbeutung des Klienten macht, besteht darin, Coaching als (erwachsenen-)pädagogische Praxis wahrzunehmen und sie konzeptionell in Auseinandersetzung mit der Ideengeschichte dieser Praxis zu begründen (Geißler, 2015, S. 24ff.).

Die Wurzeln dieses Diskurses liegen in der geistesgeschichtlichen Epoche der Aufklärung und der sie leitenden Frage, wie es möglich ist, eine humane Gesellschaft zu entwickeln. Diese Frage lenkte den Blick der Aufklärungsphilosophen auf die Natur des Menschen und die Erkenntnis, dass diese sozusagen aus zwei Schichten besteht, wobei die äußere Schicht sich auf die gesellschaftliche Prägung bezieht und die darunter liegende Schicht sich dadurch auszeichnet, dass die Bestimmung des Menschen nicht determiniert ist wie bei einem Tier oder einer

Pflanze, sondern dass sich der Mensch in Freiheit selbst bestimmen muss (Benner, 1991, S. 86). Diese Freiheitsmöglichkeit bezieht sich auf die Auseinandersetzung mit seinen gesellschaftlichen Prägungen, die auf diese Weise relativiert bzw. überwunden werden können, was den Weg zu einer humanen Gesellschaft öffnet.

Voraussetzung dafür ist jedoch zweierlei: erstens, dass der Einzelne seine Freiheitsmöglichkeiten wahrnimmt, und zweitens, dass er die Freiheitsmöglichkeiten aller anderen anerkennt und gemeinsam mit ihnen sich auf den Weg zu einer humanen Gesellschaft macht. Das dabei leitende ethische Prinzip ist der von Kant formulierte *kategorische Imperativ:* den anderen niemals als Mittel für die Verfolgung eigener Ziele zu benutzen, sondern den anderen immer als letztlichen Zweck zu betrachten, das heißt mit ihm so umzugehen, dass die dabei zur Geltung gebrachten Prinzipien zur Grundlage eines allgemeinen Sittengesetzes werden, das heißt ethische Allgemeingültigkeit beanspruchen können (a.a.O., S. 95ff.).

Dieses ethische Prinzip kann und muss heute immer noch Geltung beanspruchen. Denn so sehr die gesellschaftlichen Verhältnisse sich inzwischen in vieler Hinsicht verändert haben, in einem wesentlichen Merkmal sind sie gleich geblieben, dass nämlich gesellschaftliche Praxis hierarchisch strukturiert ist, indem Menschen über Menschen herrschen. Ohne jeden Zweifel zeichnet diese Erscheinung die gesamte bisherige Menschheitsgeschichte aus. Die Sondersituation der Aufklärung bestand jedoch darin, dass die Herrschaftsstrukturen und -prinzipien des Feudalismus zerbrachen und sich die Chance einer gewissermaßen heilsgeschichtlichen Wende zu einer humanen, das heißt nicht hierarchischen Gesellschaft ergab, die sich an den Prinzipien von Freiheit, Gleichheit und Brüderlichkeit orientierte.

Allerdings wurde diese Chance verspielt und die Herrschaft des Feudalismus nur durch eine andere Herrschaft ersetzt, durch die der Marktwirtschaft, deren neueste Entwicklungsphase wir zurzeit mit der Globalisierung erleben. Dieser Prozess der Substitution feudaler durch marktwirtschaftliche Herrschaft war den Aufklärungsphilosophen bewusst. Gleichzeitig aber waren sie Zeugen eines gesellschaftlichen Paradigmenwechsels und machten die Erfahrung, dass gesellschaftliche Strukturen nicht a priori festgeschrieben sind, sondern von Menschen gemacht werden und deshalb prinzipiell veränderbar sind. Deshalb setzten sie mit ihrer Argumentation an genau dieser Stelle an, an der Erkenntnis, die auch heute noch Gültigkeit hat bzw. angesichts der Probleme der Globalisierung auch heute noch besonders wichtig ist, dass nämlich Menschen die grundsätzliche Freiheit haben, sich und ihre Gesellschaft zu bestimmen.

Die Konsequenz, die Kant, Rousseau, Herbart und Schleiermacher aus ihrer historischen Erfahrung und Reflexion gezogen haben und die auch wir mit Blick auf die Bedingungen der Globalisierung ziehen sollten, ist die Erkenntnis, dass Menschen ihre Gesellschaft selbst bestimmen können, und zwar durch *pädagogi-*

sche Praxis, das heißt durch Bildungsprozesse. Solche Prozesse stellen sich indessen nicht immer spontan ein, sie müssen deshalb systematisch angeregt und angeleitet werden. In diesem Sinne begründet sich pädagogische Praxis mit Bezug auf eine doppelte Erkenntnis, nämlich dass die grundsätzliche Möglichkeit und – deshalb – Verpflichtung besteht, unsere Gesellschaft zu humanisieren, und dass diese Verpflichtung sich letztlich immer an den Einzelnen und sein Lernen wendet, das auf die Entfaltung seiner positiven Möglichkeiten als Beispiel für die Entfaltung der positiven Entwicklungsmöglichkeiten der Gesellschaft auszurichten ist.

Diese ethische Verpflichtung kommt in dem von Johann Friedrich Herbart geprägten Begriff der *Bildsamkeit* zum Ausdruck (Herbart, 1965, S. 165ff.). Dieser Begriff bezieht sich zum einen auf die durch pädagogische Praxis ermöglichte Entdeckung und Entfaltung der Potenziale des pädagogischen Adressaten, also zum Beispiel des Coaching-Klienten. In dieser Hinsicht besteht Übereinstimmung mit der – für die Begründung von Coaching (vgl. z.B. Stober, 2006) zentralen – Ethik der klinischen Psychologie, die auf das Kriterium der Selbstverwirklichung fokussiert. Im Gegensatz zur Ethik der klinischen Psychologie bindet sich der Begriff der Bildsamkeit darüber hinaus aber auch an die Verpflichtung, zur Entwicklung einer Gesellschaft beizutragen, in der die *Ethik des kategorischen Imperativs* Wirklichkeit wird, in der sich also alle Menschen in Freiheit, Gleichheit und Brüderlichkeit begegnen. Im Anschluss an Herbarts Gedanken bezeichnet Dietrich Benner (1991, S. 95ff.) dieses utopische Kriterium als «Prinzip einer nicht hierarchischen Ordnung der menschlichen Gesamtpraxis». Mit dieser ethischen Selbstbindung unterscheidet sich Coaching als (erwachsenen-)pädagogisches Format von einem Coaching, das sich als hybride Praxis (klinisch-)psychologischer und ökonomischer Merkmale versteht. Denn jede Unterstützung einer Selbstentfaltung des Klienten, die auf Kosten anderer geht oder gehen könnte, wird hier als Grenzüberschreitung des Humanen und damit als ethisch bedenklich zurückgewiesen.

Eine in Verantwortung gegenüber dem Einzelnen und der Gesellschaft ausgelegte Bildsamkeit bedarf der pädagogischen Anleitung, und zwar – wie Benner (1991, S. 63ff.) sagt – dadurch, dass der pädagogische Adressat zur Selbsttätigkeit aufgefordert wird. Auch dieses konstitutive Prinzip pädagogischer Praxis korrespondiert mit der Ethik klinischer Psychologie und ihrem Subsidiaritätsprinzip, dass psychotherapeutische Settings und Interventionen so weit wie möglich Hilfe zur Selbsthilfe sein sollten. Der damit verbundenen Gefahr einer individualistischen Verengung begegnet pädagogische Praxis jedoch mit dem – wie Benner (1991, S. 85ff.) es nennt – »Prinzip der Überführung gesellschaftlicher Determination in pädagogische Determination«. Damit ist gemeint, dass das Lernen des pädagogischen Adressaten sich nicht auf die pädagogische Praxis beschränken darf, sondern dass dieser pädagogische Adressat auch alle anderen gesellschaftlichen Praxisfelder als Lernfelder wahrnehmen muss, und zwar mit dem Ziel, zur Humanisierung der Gesellschaft, das heißt zu mehr Freiheit, Gleichheit und Brüderlichkeit beizutragen.

Dieser Aufriss des Humanen, dem Coaching zu dienen und das es gegen grenzüberschreitende Übergriffe marktwirtschaftlicher Prinzipien zu verteidigen hat, soll im Folgenden mit Blick auf die im ersten Abschnitt umrissenen Besonderheiten der Bewertung von Coaching-Prozessen noch etwas detaillierter entfaltet werden.

6 Ein Begründungszusammenhang für die moralischen Ansprüche, die an die Bewertung von Coaching-Prozessen zu stellen sind

Um den Gefahren der Ethik-Falle von Coaching zu begegnen, die im fünften Abschnitt angesprochen wurde, ist es notwendig, die Anstrengungen einer bildungstheoretisch-philosophischen Reflexion auf sich zu nehmen und nach den ethischen Grundlagen zu fragen, mit Bezug auf die sich Coaching konzeptionell begründen kann. Mit dieser Aussage wird die Auffassung vertreten, dass die konzeptionelle Begründung von Coaching in ihrem Kern grundsätzlich auch eine ethische Begründung sein muss. In die Ethik-Falle von Coaching hingegen verstrickt sich jeder, der meint, dass die Bewertung von Coaching-Prozessen an Kriterien ausgerichtet werden könnte, die nicht ethisch reflektiert und begründet sein müssen.

Im Folgenden soll dargelegt werden, dass eine konzeptionelle Vorstellung von Coaching, auf die sich die Bewertung von Coaching-Prozessen stützen kann, eine bildungstheoretisch-philosophische Reflexion voraussetzt, die von einer dreifachen Erkenntnis ausgeht. Diese besteht darin, dass Coaching drei Beziehungen im Auge haben muss, nämlich die Beziehung

- zwischen Reflexionspraxis und reflektierter Praxis,
- zwischen Sein und Sollen, das heißt zwischen vorliegendem Ist-Zustand und gewünschtem Soll-Zustand,
- und zwischen dem, was im Coaching reflektiert werden muss, und dem, was unantastbar ist.

Für diese Beziehungen gilt, was für alle Beziehungen gilt: dass sie sich auf Unterschiedliches beziehen und es in Beziehung setzen und so eine übergeordnete Einheit entstehen lassen.

6.1 Der für Coaching grundlegende Unterschied und Zusammenhang von Reflexionspraxis und reflektierter Praxis

Jede Begründung einer Coaching-Ethik setzt die Beantwortung der Frage voraus, was Coaching eigentlich ist. Diese Frage lenkt den Blick auf die *Natur des Menschen*, das heißt auf seine *empirischen Bedingungsmöglichkeiten*. Gemeint sind damit nicht die empirischen Bedingungen, die konkrete Menschen in konkreten Situationen und geschichtlichen Lagen auszeichnen und die empirisch erfasst werden können, um auf dieser Grundlage zum Beispiel mithilfe statistischer Verfahren das Bild eines »durchschnittlichen« Menschen zu rekonstruieren, sondern die interpretativ zu ermittelnden Möglichkeiten, die diesen empirischen Bedingungen impliziert sind und die unter bestimmten Umständen zu einer empirisch erfassbaren Wirklichkeit werden können.

Dieser Zusammenhang zwischen empirischen Bedingungen und Bedingungsmöglichkeiten ist für Coaching von zentraler Bedeutung. Denn der Sinn von Coaching ist, die Bildsamkeit des Klienten zu ermitteln und zu entfalten, also die Möglichkeiten, die ihm tatsächlich zur Verfügung stehen und deshalb mithilfe bestimmter Lernprozesse Wirklichkeit werden können. Um diese Potenziale zu ermitteln, müssen Coach und Klient zunächst auf die vorliegende Wirklichkeit, die empirischen Bedingungen des Klienten schauen, um auf dieser Grundlage Hypothesen darüber zu entwickeln, welche positiven Möglichkeiten durch Lernen erschlossen werden können.

Die humanistische und positive Psychologie und die sich darauf stützenden Coaching-Ansätze (Kauffman, 2006; Stober, 2006) haben diesen Gedanken aufgenommen. Sie gehen von einem explizit positiven Menschenbild aus und begründen damit die ethische Handlungsmaxime, positive Potenziale des Klienten zu erkennen und zur Entfaltung zu bringen, also zum Beispiel seinen Wunsch nach Selbstverwirklichung.

In entsprechender Weise kann auch auf den Coach – in einem nächsten Schritt auch auf denjenigen, der dessen Coaching-Prozess bewertet – geschaut werden, und zwar unter der Frage, welche Entwicklungspotenziale er hat und wie er sie entfalten kann.

Eine solche Betrachtung des anderen ist indessen nicht per se *ethisch* gerechtfertigt, vor allem dann nicht, wenn davon ausgegangen wird, dass der Mensch eine Vielzahl positiver Entwicklungspotenziale besitzt. Denn die pädagogische Anthropologie macht darauf aufmerksam, dass derjenige, der nach der Natur des Menschen fragt, implizit immer auch nach seiner eigenen Natur fragt (Prange, 1978, S. 49). Und die Tatsache, dass alle bisherigen Versuche der Wissenschaf-

Die Bewertung von Coaching-Prozessen als ethische Herausforderung

ten gescheitert sind, die Natur des Menschen mit Bezug auf positiv formulierte Merkmale – also z.b. als *homo oeconomicus, social man, self actualizing man* und *complex man* (Schein, 1974; Neuberger, 1990, S. 25ff.) – zu bestimmen, lässt sich auch produktiv zu der Erkenntnis wenden, dass der Mensch im Gegensatz zu Tieren und Pflanzen von Natur aus nicht prädeterminiert ist, sondern sich in Freiheit selbst bestimmen *kann* und *muss*. Diese Bedingung und Bedingungsmöglichkeit bezeichnet Prange als »offene Bestimmtheit« (Prange, 1978, S. 50), deren methodische Figur die »offene Frage« (a.a.O., S. 50) ist. Aus diesem Grunde ist es ein fragwürdiges Unterfangen, die konzeptionelle Begründung von Coaching an bestimmte Psychologieschulen zu binden, wie zum Beispiel an die positive Psychologie, die behavioristische Psychologie, die kognitive Psychologie oder die psychoanalytisch fundierte Psychologie.

Der von Prange formulierte Vorschlag, die methodische Figur der »offenen Frage« als Hinweis auf die Natur des Menschen zu betrachten, lenkt den Blick schließlich auf die Erkenntnis der *Differenz und Einheit von Reflexionspraxis und reflektierter Praxis*. Denn der Prozess des Fragens bzw. Reflektierens ist eine Praxis, die sich kategorial von der Praxis unterscheidet, auf die sich das Reflektieren inhaltlich bezieht (Benner, 1991, S. 67ff.).

In diesem Sinne muss die Bewertung von Coaching-Prozessen Bezug nehmen auf die Reflexionspraxis (1) des Klienten, (2) des Coachs, (3) des Coaching-Bewerters und (4) auf die vielfältigen Reflexionspraxen derjenigen, die vorliegende Coaching-Bewertungen bewerten. Das alleine reicht aber nicht. Denn es ist auch Bezug zu nehmen auf die Praxen, auf die sich die jeweilige Reflexion bezieht, nämlich (1) auf die Praxis der Probleme, die der Klient hat und lösen will, (2) auf die Coaching-Praxis, für die der Coach verantwortlich ist, und (3) auf die Praxis der Bewertung von Coaching-Prozessen.

Diese beiden Praxisschichten sind zum einen unterschiedlich, zum anderen bilden sie eine Einheit. Denn jede Reflexionspraxis setzt eine Praxis voraus, auf die sich die Reflexion bezieht, und Letztere ist nur als reflektierte Praxis denkbar.

Diese Differenz und Einheit von Reflexionspraxis und reflektierter Praxis ist für die Bewertung von Coaching-Prozessen insofern wichtig, als sich aus ihr eine ethische Orientierung ableitet, (1) wie der Coach mit dem Klienten hinsichtlich der Bearbeitung seiner Coaching-Problematik umgehen sollte, (2) wie der Coaching-Bewerter mit dem Coach hinsichtlich der Diagnose und Verbesserung seiner Coaching-Kompetenz umgehen sollte und (3) wie alle diejenigen, die sich mit der Bewertung von Coaching-Bewertungen befassen, mit denjenigen umgehen sollten, die Coaching-Bewertungen vorgenommen haben. Das ethische Gebot, um das es hier geht, nimmt in unterschiedlicher Weise auf die verschiedenen Reflexionspraxen und auf die verschiedenen reflektierten Praxen Bezug.

Mit Bezug auf diese Differenzierung wird erkennbar, dass die Reflexionspraxis ethisch auszurichten ist auf das Gebot der »Aufforderung zur Selbsttätigkeit«. Diese kann in Form eines anregenden Impulses, aber auch einer Anleitung oder Konfrontation erfolgen.

Mit Bezug auf die reflektierte Praxis hingegen stellt sich das Gebot einer »Überführung gesellschaftlicher Determination in pädagogische Determination«, die ausgerichtet sein muss an Kants kategorischem Imperativ und dem daraus abgeleiteten Prinzip einer »nicht hierarchischen Ordnung der menschlichen Gesamtpraxis« bzw. einer wünschenswerten Gesellschaft in Freiheit, Gleichheit und Brüderlichkeit.

6.2 Der für Coaching grundlegende Unterschied und Zusammenhang von Sein und Sollen bzw. von vorliegendem Ist-Zustand und intendiertem Soll-Zustand

Aus der Erkenntnis, dass die Natur des Menschen strukturell einer offenen Frage gleicht, leitet sich die Erkenntnis der normativen Bedingungsmöglichkeit ab, dass der Mensch seine ihm gegebene Freiheit, Offenheit und Fraglichkeit nutzen muss, um sich zu entfalten. Denn aufgrund seiner empirischen Bedingungen hat er auch die Möglichkeit, sie nicht zu nutzen und – wie Kant es formuliert – in selbst verschuldeter Unfreiheit zu bleiben, indem er sich zum Beispiel als hilfloses Opfer widriger Umstände wahrnimmt und dadurch dann auch tatsächlich zu einem solchen wird.

Mit dieser Argumentation schließt Prange (1978, S. 48) an das Kernstück der vor allem durch Johann Friedrich Herbart begründeten neuzeitlichen *Bildungstheorie* an, nämlich an die Diskussion über *»Bildsamkeit«* als Voraussetzung für die Entfaltung von *Bildung*. Dabei benutzt Prange eine methodische Argumentationsfigur, die in dem ansonsten höchst strittigen bildungstheoretischen Diskurs als weithin konsensfähig betrachtet werden kann. Es ist die Argumentationsfigur, die empirischen und die normativen Bedingungen und Bedingungsmöglichkeiten menschlichen Daseins einerseits als etwas Unterschiedliches zu betrachten, in dieser Differenz aber gleichzeitig eine Einheit zu sehen. Denn das, was faktisch ist und sein kann, kann immer nur von einem Betrachtungsstandpunkt aus erkannt werden, der bewusst oder unbewusst durch bestimmte Soll-Vorstellungen, das heißt Interessen, Sorgen, Visionen oder Ängste bestimmt ist.

Diese Verschränkung von Sein und Sollen ist ein grundlegendes Merkmal der multiplen Soll-Ist-Problematik, die im ersten Abschnitt vorgestellt wurde. Denn der Soll-Zustand, den sich der noch in seiner Coaching-Problematik ganz gefangene Klient wünscht, wird vom Standpunkt des aufgeklärten Klienten bzw. vom Standpunkt des Coachs, der versucht, sich eine Vorstellung vom aufgeklärten Klienten zu machen, zu einem defizitären Ist-Zustand, der mit Blick auf einen Soll-Zustand zu überwinden ist.

Die Besonderheit, auf die Herbart und die klassische Pädagogik aufmerksam machen, ist dabei erstens, dass jeder Ist-Zustand, das heißt jedes Sein, einerseits das Resultat determinierender Wirkungszusammenhänge ist, und zweitens, dass diese Determination andererseits aber niemals vollständig ist, sondern immer Freiheitsgrade aufweist, die genutzt werden können und deren Nutzung oder Nicht-Nutzung moralisch zu verantworten ist.

Mit Blick auf diesen Zusammenhang von Determination und Freiheit haben die Wirtschaftsethiker Karl Homann und Franz Blome-Drees (1992, S. 92ff.) vor einer Opferethik gewarnt, welche die determinierende Kraft des menschlichen Egoismus unterschätzt und die Bedingungen erschwert, das, was als ethisch geboten erkannt wird, im eigenen Handeln dann auch praktisch umzusetzen. Stattdessen empfehlen sie, den Standpunkt eines »aufgeklärten Egoisten« zugrunde zu legen, der vorrangig nach den langfristigen und teilweise auch indirekten Rückwirkungen auf ihn selbst fragt, die das eigene Handeln auslöst – ein Standpunkt, den wir insbesondere auch im Buddhismus finden.

6.3 Der für Coaching grundlegende Unterschied und Zusammenhang zwischen allem, was analysiert werden muss, und allem, dessen Würde unantastbar ist

Der Umgang des Menschen mit sich und seinem Kontext vollzieht sich immer als ein *Prozess*, dessen *Zeitlichkeit* im Anschluss an Heidegger als Differenz und Einheit von zwei Zeitmodalitäten gedacht werden muss (Prange, 1978, S. 52ff.). Auf der einen Seite können wir Zeit zum Objekt unseres Denkens und Handelns machen. Auf der anderen Seite hingegen sind wir immer eingebunden in die subjektiv nicht nur kognitiv, sondern insbesondere auch emotional erlebte Zeit der Gegenwart, Vergangenheit und Zukunft. Entsprechend vollzieht sich die Entfaltung menschlichen Daseins immer in zwei Wirklichkeitsbezügen, nämlich in der *Objektreferenzialität*, die sich auf die Welt des *Profanen* bezieht, also auf die Welt der Handlungs- und Reflexions*objekte* bzw. die Welt, in der alles zum Objekt eines von einem Subjekt gesteuerten und zu verantwortenden Denkens und Handelns gemacht wird.

Neben diesem Wirklichkeitsbezug steht die *Subjektreferenzialität* (Geißler, 2000, S. 222ff.) eines Erlebens und Handelns, das sich im Umgang mit anderen

Menschen, Lebewesen und Gegenständen bzw. sachlichen Phänomenen auf diejenigen Aspekte bezieht, die nicht zum Objekt menschlicher Exploration und Exploitation, das heißt Vermessung, Berechnung und Nutzenkalkulation werden dürfen, weil damit ihre ihnen eigene *Würde* verletzt würde. Im Anschluss an die Religionssoziologie Emile Durkheims kann man diesen Bereich als denjenigen des *Heiligen* bezeichnen. In diesem Sinne ist der Kern jedes Subjekts und damit der Kern von Subjekthaftigkeit ein Bereich, der unberührbar, das heißt heilig ist und deshalb aus ethischen Gründen nicht zum Objekt von Explorationen und Exploitationen gemacht werden darf.

Diese beiden Weltbezüge, der Weltbezug der Objektreferenzialität und derjenige der Subjektreferenzialität, und die sich so begründenden beiden Bereiche des Profanen und Heiligen, bilden trotz – oder gerade wegen – ihrer Unterschiedlichkeit eine Einheit. Diese *Differenz und Einheit von Objekt- und Subjektreferenzialität* bzw. *von Profanem und Heiligem* lässt sich am Beispiel der *Bildsamkeit* verdeutlichen. Denn Bildsamkeit meint zum einen die Potenziale des Einzelnen, also zum Beispiel auch des Coaching-Klienten, die etwa mithilfe psychologisch-diagnostischer Verfahren ermittelt werden können, was auch den ethischen Anspruch stellt, dass sie möglichst objektiv ermittelt werden. Auf der anderen Seite hingegen bezieht sich Bildsamkeit aber auch auf denjenigen Bereich des Subjekts, der anderen, also zum Beispiel auch einem Coach, in dem Sinne heilig sein muss, dass ihm mit Ehrfurcht begegnet und nicht versucht wird, sich von ihm ein objektivierendes Bildnis zu machen.

In ähnlicher Weise unterscheidet Zygmunt Bauman (1995) in seiner postmodernen Ethik kategorial zwischen Ethik als objektreferenziellem System ethischer Begründungszusammenhänge und Forderungen und der Moral, die sich subjektreferenziell begründet. Denn Moral meint den im subjektiven Erleben entstandenen und wahrgenommenen vorsprachlichen Impuls, für den anderen da zu sein (Geißler, 2004, S. 180). Dieses Für-den-anderen-da-sein-Sollen korrespondiert mit dem objektreferenziell begründeten kategorischen Imperativ Kants und konkretisiert das, was Benner mit seinen beiden regulativen Prinzipien pädagogischen Denkens und Handelns meint, nämlich – im Sinne der ethischen Position des »aufgeklärten Egoisten« – sich und der Welt die Chance zur Entfaltung der vorliegenden positiven Potenziale zu geben. In diesem Sinne formuliert Bauman (1995, S. 119):

> Es besteht keine Notwendigkeit, moralisch zu sein. Moralisch zu sein ist eine Chance, die man annehmen kann; aber man kann sie auch und ebenso leicht verwirken. Der Punkt ist nur, die Chance der Moralität zu verlieren, heißt auch, die Chance auf das Selbst zu verlieren. [...] Erwachen, um für den anderen da zu sein, ist das Erwachen des Selbst, welches die Geburt des Selbst ist.

7 Die Bewertung von Coaching-Prozessen als Supervisionspraxis

Der im ersten Abschnitt vorgestellte strukturelle Aufriss der Problematik, die sich bei der Bewertung von Coaching-Prozessen stellt, und die anschließende Explikation seiner ethischen Implikationen führen zu der Einsicht, dass die Bewertung von Coaching-Prozessen als Supervisionspraxis (Carroll, 2007; Hawkins, 2010) wahrzunehmen ist, die denselben Prinzipien folgt wie Coaching (Szabo, 2015, S. 163ff.).

Aus diesem Grunde muss derjenige, der Coaching-Prozesse bewertet, versuchen, möglichst gut zu verstehen, wie der Coach den zu bewertenden Coaching-Prozess selbst sieht und bewertet. Wie im ersten Abschnitt dargelegt, sollte er dabei davon ausgehen, dass der Sinn von Coaching-Prozessen die aufklärende – bzw. sich aufklärende – Reflexion der vorliegenden Ist-Situation des Klienten und der von ihm gewünschten Soll-Situation ist. Diese Reflexion, die sich als ein nicht geradliniger, sondern mäandrierender Prozess einer zunehmenden Lösung bzw. Überwindung der anfänglichen Problemverstrickung des Klienten vollzieht, sollte, wie oben dargelegt, die Differenz und Einheit (1) von Reflexionspraxis und reflektierter Praxis, (2) von Sein und Sollen und (3) von Objekt- und Subjektreferenzialität berücksichtigen, um der Ethik-Falle der Globalisierung zu entgehen.

Mit Blick auf diese Ansprüche ist es die Aufgabe desjenigen, der einen Coaching-Prozess bewerten will, das Gespräch mit dem Coach vorzubereiten, indem er – zunächst einmal ohne Letzteren – den als Audiodokument oder Transkript vorliegenden Coaching-Prozess analysiert und bewertet, und zwar mit Blick auf folgende Leitfragen:

- Was hat der Coach in welcher Situation gemacht, um die Vorstellungen des Klienten zu explorieren, die dieser von seiner Ist- und Soll-Situation und den Möglichkeiten hat, die Soll-Ist-Differenz zu überwinden?
- Was hat der Coach gemacht, um dem Klienten zu helfen, die Qualität dieser seiner Vorstellungen zu überprüfen?
- Welche realistischen Möglichkeiten hat der Coach für die Exploration und Aufklärung der Klientenvorstellungen nicht oder zu wenig genutzt?
- Und was hätte der Bewerter ganz konkret in welcher Situation selbst anders gemacht? Bei der Beantwortung dieser Frage ist wichtig, sich die Alternativen ganz konkret vorzustellen, wie in einem Film, und zwar bis in die wörtlichen Formulierungen hinein.

Diese Vorbereitung sollte der Bewerter im Bewusstsein eigener möglicher Unvollkommenheiten und Selbstverblendungen vollziehen und dem Coach deshalb als Supervisor begegnen, der auf der einen Seite mit seiner Analyse und Bewertung des Coaching-Prozesses dem Coach eine klare Orientierung gibt, auf der anderen Seite aber gleichzeitig um seine prinzipielle Unvollkommenheit weiß und deshalb andere als Lernunterstützungspartner braucht. Aus diesem Grunde ist es wichtig, dass er seine Verbesserungsvorstellungen des zu bewertenden Coachings möglichst differenziert konkretisiert, das heißt praxisnah vorträgt, um anderen – und zwar nicht zuletzt auch dem zu bewertenden Coach – eine möglichst gute Chance für produktive Kritik zu geben und damit exemplarisch eine pädagogische Praxis zu konstituieren, die sich an den Kriterien der »Bildsamkeit«, »Aufforderung zu Selbsttätigkeit«, »Überführung gesellschaftlicher Determination in pädagogische Determination« und des kategorischen Imperativs orientiert, den Benner mit Bezug auf pädagogische Praxis als Ideal einer »nicht hierarchischen Ordnung der menschlichen Gesamtpraxis« auslegt und das die französische Reflexion politisch mit Bezug auf Freiheit, Gleichheit und Brüderlichkeit konkretisiert hat.

Literatur

American Psychological Association (APA) (2002). Ethical principals of psychologists and code of conduct. *American Psychologist, 57,* S. 1060–1073.
Baecker, Dirk (2003). *Organisation und Management.* Frankfurt am Main: Suhrkamp.
Baethge, Martin, & Baethge-Kinsky, Volker (2006). Ökonomie, Technik, Organisation: Zur Entwicklung von Qualifikationsstruktur und Qualifikationsprofilen von Fachkräften. In: Rolf Arnold & Antonius Lipsmeier (Hrsg.), *Handbuch der Berufsbildung* (2., überarbeitete Auflage) (S. 153–173). Wiesbaden: VS Verlag für Sozialwissenschaften.
Baethge, Martin, & Schiersmann, Christine (1998). Prozessorientierte Weiterbildung – Perspektiven und Probleme eines neuen Paradigmas der Kompetenzentwicklung für die Arbeitswelt der Zukunft. In: Arbeitsgemeinschaft Qualifikations-Entwicklungs-Management Berlin (Hrsg.), *Kompetenzentwicklung '98: Forschungsstand und Forschungsperspektiven* (S. 15–87). Münster: Waxmann.
Bauman, Zygmunt (1995). *Postmoderne Ethik.* Hamburg: Hamburger Edition.
Beck, Ulrich (1986). *Risikogesellschaft.* Frankfurt am Main: Suhrkamp.
Benner, Dietrich (1991). *Allgemeine Pädagogik. Eine systematisch-problemgeschichtliche Einführung in die Grundstruktur pädagogischen Denkens und Handelns* (2., verbesserte Auflage). Weinheim: Juventa.
Brennan, Dianne, & Wildflower, Leni (2010). Ethics in coaching, In: Elaine Cox, Tatiana Bachkirova & David Clutterbuck (Hrsg.), *The complete handbook of coaching* (S. 369–380). Los Angeles: Sage.
Carroll, Michael (2007). Coaching psychology supervision. In: Stephen Palmer & Alison Whybrow (Hrsg.), *Handbook of coaching psychology* (S. 431–448). London: Routledge.

Kauffman, Carol (2006). Positive Psychology: The Science at the Heart of Coaching. In: Dianne R. Stober & Anthony M. Grant (Hrsg.), *Evidence Based Coaching: Putting Best Practices to Work for your Clients* (S. 219–254). New Jersey: Wiley and Sons.
Geißler, Harald (2000). *Organisationspädagogik*. München: Vahlen.
Geißler, Harald (2004). Braucht Coaching eine philosophisch begründete Ethik? In: *Organisationsberatung, Supervision, Coaching (OSC), 11(2)*, S. 173–186.
Geißler, Harald (2006). Coaching. In: Franz-Josef Kaiser & Günter Pätzold (Hrsg.), Wörterbuch Berufs- und Wirtschaftspädagogik (2., überarbeitete und erweiterte Auflage) (S. 207–208). Bad Heilbrunn: Klinckhardt.
Geißler, Harald (2008). Coaching – ein Bildungsrisiko? In: Yvonne Ehrenspeck, Gerhard de Haan & Felicitas Thiel (Hrsg.), *Bildung: Angebot oder Zumutung* (S. 193–209). Wiesbaden: VS Verlag für Sozialwissenschaften.
Geißler, Harald (2015). Wer sollte denn eigentlich bei der Bewertung von Coachingprozessen das erste und wer das letzte Wort haben? – Eine gegenstandskonstitutive Analyse. In: Harald Geißler & Robert Wegener (Hrsg.), *Bewertung von Coachingprozessen* (S. 29–47). Wiesbaden: Springer.
Geißler, Harald, & Wegener, Robert (Hrsg.) (2015). *Bewertung von Coachingprozessen*. Wiesbaden: Springer.
Greif, Siegfried (2015). Allgemeine Wirkfaktoren im Coachingprozess. Verhaltensbeobachtungen mit einem Ratingverfahren. In: Harald Geißler & Robert Wegener (Hrsg.), *Bewertung von Coachingprozessen* (S. 51–80). Wiesbaden: Springer.
Hawkins, Peter (2010). Coaching supervision. In: Elaine Cox, Tamara Bachkirova & David Clutterbuck (Hrsg.), *The complete handbook of coaching* (S. 381–393). Los Angeles: Sage.
Herbart, Johann Friedrich (1965). Umriss pädagogischer Vorlesungen (1983/1841). In: ders., *Pädagogische Schriften*, Bd. III. Düsseldorf: Küpper.
Homann, Karl & Blome-Drees, Franz (1992). *Wirtschafts- und Unternehmensethik*. Göttingen: Vandenhoeck & Ruprecht.
Looss, Wolfgang (1991). *Unter vier Augen: Coaching für Manager*. München: Redline Wirtschaft bei Verlag Moderne Industrie.
Lowman, Rodney L. (2013). Coaching ethics. In: Jonathan Passmore, David B. Peterson & Teresa Freire (Hrsg.), *The psychology of coaching and mentoring* (S. 68–88). Chichester: Wiley-Blackwell.
Luhmann, Niklas (1984). *Soziale Systeme*. Frankfurt am Main: Suhrkamp.
Minsky, Marvin (1961). Steps toward artificial intelligence. *Proceedings of the Institute of Radio Engineers (IRE), 49*, 8–29.
Neuberger, Oswald (1990). *Führen und geführt werden* (3., völlig überarbeitete Auflage). Stuttgart: Enke.
Prange, Klaus (1978). *Pädagogik als Erfahrungsprozess. Bd. 1: Der pädagogische Aufbau der Erfahrung*. Stuttgart: Klett-Cotta.
Rauen, Christopher (2005). Varianten des Coachings im Personalentwicklungsbereich. In: ders. (Hrsg.), *Handbuch Coaching* (3. Auflage) (S. 111–136). Göttingen: Hogrefe.
Round Table der Coachingverbände (2015). www.roundtable-coaching.eu.
Schein, Edgar H. (1974). Das Bild des Menschen aus der Sicht des Managements. In: Erwin Grochla (Hrsg.), *Management* (S. 69–91). Düsseldorf: Econ.

Seeg, Belinda, & Schütz, Astrid (2015). Bewertung eines Coachings nach dem individuumszentrierten und ressourcenorientierten Bamberger Coachingansatz. In: Harald Geißler & Robert Wegener (Hrsg.), *Bewertung von Coachingprozessen* (S. 231–249). Wiesbaden: Springer.

Simon, Fritz B. (1998). *Radikale Markwirtschaft* (3. Auflage). Heidelberg: Carl-Auer-Systeme.

Stober, Dianne R. (2006). Coaching from the Humanistic Perspective. In: dies. & Anthony M. Grant (2006) (Hrsg.), *Evidence Based Coaching: Putting Best Practices to Work for your Clients* (S. 17–50). New Jersey: Wiley.

Szabo, Peter (2015). Bewertung von Coachingprozessen: Drei Sichtweisen mit unterschiedlichen Vorannahmen von Nützlichkeit. In: Harald Geißler & Robert Wegener (Hrsg.), *Bewertung von Coachingprozessen* (S. 157–171). Wiesbaden: Springer.

Wastian, Monika (2015). Wirkfaktoren auch im E-Coaching nutzen: Was passiert in der »Black Box« des virtuellen Coaching-Prozesses? In: Harald Geißler & Robert Wegener (Hrsg.), *Bewertung von Coachingprozessen* (S. 299–321). Wiesbaden: Springer.

Über den Autor

Harald Geißler, Prof. Dr., wurde 1950 geboren, studierte Erziehungswissenschaft, promovierte 1976, habilitierte sich 1985 und wurde 1985 an die Helmut-Schmidt-Universität Hamburg für das Fach Erziehungswissenschaft insbesondere Berufs- und Betriebspädagogik berufen. Er leitet dort am Management Development Center das Competence Center Coaching mit den beiden Schwerpunkten Coaching-Gutachten und Virtuelles Coaching. Im Zusammenhang mit seinen Forschungsschwerpunkten Organisationslernen und Coaching betreute er eine Vielzahl an Projekten der Führungskräfte- und Organisationsentwicklung. Er ist Autor des Lehrbuchs „Organisationspädagogik" (München, Vahlen Verlag 2000) und (Mit)Herausgeber der Sammelbände „E-Coaching" (Baltmannsweiler: Schneider Verlag 2008) und „E-Coaching und Online-Beratung" (Wiesbaden: VS Verlag 2012). Er betreibt die Internetplattformen www.coaching-gutachten.de und www.virtuelles-coaching.com.
E-Mail: Harald.Geissler@hsu-hh.de

Beratung und soziale Selbstreflexivität

Zur Soziogenese eines neuen Kulturmusters[1]

Beate Fietze

Die fortgeschrittenen Gesellschaften der reflexiven Moderne zeichnen sich durch eine eindrucksvolle Komplexitätssteigerung und einen beschleunigten sozialen Wandel aus (Rosa, 2005). Die wichtigsten Mechanismen der Dynamisierung moderner Gesellschaften lassen sich in der *Globalisierung*, in der *Lockerung der tradierten sozialen Einbindungen* und schließlich in der *reflexiven Anwendung von Wissen* identifizieren.

Aufgrund der Zunahme der internationalen Verflechtungsbeziehungen in Wirtschaft, Politik und Kultur und vor allem durch die Digitalisierung der Kommunikationsmedien haben sich im Prozess der Globalisierung die sozialen Beziehungen grundlegend verändert. Das Verhältnis von Raum und Zeit wurde radikal aufgebrochen: Die Bedeutung und die Verbindlichkeit der lokalen Beziehungen nehmen ab; weit entfernte Kommunikationspartner gewinnen demgegenüber eine zuvor nicht gekannte Relevanz für die alltäglichen Lebensvollzüge. Durch die Sprengung der vertrauten Bindung an Raum und Zeit werden die Individuen aus ihrer Einbettung in traditionelle Strukturen, kulturelle Orientierungen und soziale Beziehungen herausgehoben (Giddens, 1995, S. 33). Ihre Lebenspraxis hängt von abstrakten

---

1 Für kritische Hinweise danke ich Heinrich Haferkamp.

Dr. Beate Fietze (✉)
Berlin, Deutschland
E-Mail: beate.fietze@sowi.hu-berlin.de

Bezugssystemen, übergreifenden Institutionen, technischen Infrastrukturen und symbolischen Zeichensystemen ab, auf die sie in ihren alltäglichen Handlungen kaum noch Einfluss nehmen können. Die abstrakten Bezugssysteme basieren im Regelfall auf hoch entwickeltem Expertenwissen. Die reflexive Anwendung von Wissen gilt daher als *das* zentrale Element der reflexiven Moderne (vgl. Giddens, 1995).»Die Produktion, Prüfung und Dauerrevision des systematischen Wissens über das soziale Leben und dessen Anwendung auf die Gestaltung des Alltags ist ein konstitutives Kennzeichen der [...] ›reflexiven Moderne‹« (Sigmund, 2000, S. 160). Die individuelle Lebensführung wie die übergreifenden gesellschaftlichen Abläufe können ohne Rückgriff auf Expertenwissen über das soziale Leben nicht mehr gedacht werden und sind so integraler Bestandteil der Reproduktion des gesellschaftlichen Systems.

Infolge der sozialen Entgrenzung und Beschleunigung sind unmittelbar die Basisinstitutionen der modernen Gesellschaft im Arbeits- und Privatleben einem verstärkten gesellschaftlichen Veränderungsdruck unterworfen. Die daraus resultierenden Verhaltensunsicherheiten treiben sowohl im arbeitsweltlichen Kontext als auch in der privaten Lebensführung die Ansprüche an individuelle Entscheidungskompetenzen auf ein neues Niveau (Sichler, 2006). Die aufbrechenden Verhaltensverunsicherungen als Folge des Individualisierungsschubes traten bereits zwischen den 1960er- und 1980er-Jahren deutlich zutage und wurden als Dilemma des neuen »homo optionis« zwischen dem Zuwachs an Handlungsspielräumen und der Freisetzung aus handlungsorientierenden Milieus und Traditionen diskutiert (Beck & Beck-Gernsheim, 1994). Die bedeutsamen Veränderungen der Sozialstruktur, die sich seit dem Zweiten Weltkrieg und insbesondere seit den 60er-Jahren in den westlichen Gesellschaften – teilweise unterhalb der soziologischen Aufmerksamkeitsschwelle – vollzogen hatten, schwächten die Bindungen der Individuen an tradierte Klassenlagen und sozialmoralische Milieus ab (Beck, 1983). Durch den allgemeinen ökonomischen Aufschwung bei gleichbleibenden sozialen Ungleichheitsrelationen erweiterten sich die Konsummöglichkeiten und damit die Handlungsoptionen, die es dem Einzelnen erlaubten, sich aus überlieferten Zwängen und vielfach noch autoritären Ehe- und Familienverhältnissen zu befreien. Während bis Ende der 70er-Jahre vorrangig der Emanzipationsaspekt des Individualisierungsschubes wahrgenommen werden konnte, trat infolge der ökonomischen Krisen seit den späten 70er-Jahren die Kehrseite der Entwicklung immer deutlicher ins Bewusstsein: Durch den Wegfall familialer und sozialstaatlicher Sicherungsstrukturen und durch die Pluralisierung der Lebensstile sahen sich die Einzelnen in ihrer Lebensführung immer stärker allein auf sich gestellt (Castel, 2005; Lessenich, 2008). Galt es früher bei der Gestaltung des eigenen Lebensweges, sich in vorgegebene Familienmuster und erwerbsbiografische Laufbahnregime altersadäquat einzufädeln, so sahen sich die Individuen nun vor die Aufgabe gestellt, ohne Vorlage ihren biografischen Weg durch unbekanntes und sich stets veränderndes Gelände zu bahnen. Diese Situation erforderte eine pragmatische Bastelmentalität, die Bereitschaft und Fähigkeit, sich auf Unvorhersehbares im Modus situativer Entscheidungen einzulassen. Diese Orientierungsunsicherheiten haben während der darauffolgenden drei Jahrzehnte noch erheblich zugenommen.

Unter den Rahmenbedingungen der reflexiven Moderne sehen sich die Individuen mit einer paradoxen Anforderung konfrontiert: Einerseits müssen sie eine »ontologische Sicherheit« als unverzichtbare Basis der eigenen Handlungsfähigkeit herstellen, andererseits sind sie permanent genötigt, die Haltung eines generalisierten »methodischen Zweifels« einzunehmen, um auf den Veränderungsdruck situationsangemessen reagieren zu können (Giddens, 1995). Bei der Bearbeitung dieser Verhaltens- und Entscheidungszumutungen spielen Expertensysteme und die Expansion professionalisierter Beratungsangebote eine immer wichtigere Rolle (Beck & Bonß, 1989; Schützeichel, 2004). Seither boomt ein in seiner Vielgestaltigkeit kaum mehr überschaubarer Beratungsmarkt, der eine immer differenziertere Nachfrage bedient. Die sich verändernden Beratungsbedarfe haben sich dabei während der letzten drei Jahrzehnte in der Ausdifferenzierung sowohl neuer Beratungs*formate* als auch eines neuen Beratungs*verständnisses* niedergeschlagen: In der klassischen Beratung stellt der Experte dem Ratsuchenden sein Sonderwissen zur Verfügung, sei es, dass er ihm dieses Wissen als Information in Form eines Ratschlags oder einer Begutachtung weiterreicht, sei es, dass er, mandatiert durch den Ratsuchenden, sogar an dessen Stelle handelt. Anders als in dieser klassischen Form der transitiven Fachberatung geht es in den neuen Formen der reflexiven Prozessberatung nicht vorrangig um den Ausgleich eines spezifischen Wissensgefälles zwischen Ratgeber und Ratsuchendem; im Fokus steht vielmehr das Interaktionsgeschehen zwischen Beratendem und Ratsuchendem, in dessen Verlauf das Orientierungswissen selbst entwickelt wird (Froschauer & Lueger, 2010). Die bekanntesten Formen sind personenbezogene Formate wie Coaching, Supervision und Organisationsentwicklung (Tiefel, 2004). In der Prozessberatung wird kein Rezeptwissen und keine Problemlösung vorgetragen, vielmehr werden die Klientinnen und Klienten zu einem reflexiven Selbstverhältnis angehalten, die eigene Wirklichkeitskonstruktion zu reflektieren, sich selbst im Zusammenspiel mit der sozialen Umwelt zu beobachten und die eigenen Ressourcen und das eigene Lösungspotenzial zu erschließen (Schein, 1999; Heinze, 2011).

Diese neuen Formen der Prozessberatung korrespondieren mit einer neuen Subjektivierungsform, die sich – so die hier vertretene These – durch die Etablierung dieser Beratungsformen in neuen Verhaltenserwartungen niederschlägt und ein neues Kulturmuster hervorbringt.

Um den Zusammenhang zwischen den neuen Beratungsformen und der neuen Subjektivierungsform in der reflexiven Moderne zu analysieren, werden im Folgenden zunächst die gesellschaftlichen Hintergründe für die Herausbildung und Durchsetzung der reflexiven Beratungsformate dargestellt. In einem zweiten Schritt gilt das Interesse der Rolle des zugrunde liegenden Expertenwissens für die Konstitution der neuen Formen der reflexiven Beratung. Schließlich werden die Konsequenzen der Institutionalisierung und Anwendung der reflexiven Beratung durch die Beratungsklienten für das Selbstverhältnis der Individuen in den Blick genommen.

1 Neue Unmittelbarkeit in der Organisationsgesellschaft

1.1 Steigerung der Binnenkomplexität und Dynamisierung der Organisationen

Anders, als die Gesellschaftsbeschreibungen für die 1970er-Jahre suggerieren, gehen die Individualisierungsprozesse nicht mit einer Reduzierung gesellschaftlicher Regulierung einher. Das Gegenteil ist der Fall: Wir haben es mit einem immer direkteren Zugriff der gesellschaftlichen Institutionen auf den Einzelnen zu tun. Dabei greifen in der Entwicklung der veränderten Rahmenbedingungen die verschiedenen Dimensionen der Vergesellschaftung ineinander. Angestoßen durch die Politik der Deregulierung in den 1980er-Jahren, werden infolge der ökonomischen Prozesse der Globalisierung, der Digitalisierung der Infrastruktur und der neosozialen Ausrichtung des Wohlfahrtstaates immer stärker die Einzelnen sozusagen als »Ich-AG« adressiert und in eine neue Unmittelbarkeit zu ökonomischen, staatlichen und auch zivilgesellschaftlichen Anforderungen und Ansprüchen katapultiert (Türk, 1997).

Einer der wichtigsten sozialen Mechanismen für die Ausbildung der neuen Bestimmung des Verhältnisses von Individuum und Gesellschaft liegt in der Steigerung der Binnenkomplexität und Dynamisierung von Organisationen. Diese Entwicklung, die sich als Reaktion auf den gesellschaftlichen Veränderungsdruck beobachten lässt, ist keineswegs auf die Wirtschaft beschränkt, sondern hat längst alle gesellschaftlichen Bereiche erfasst. Alle gesellschaftlichen Organisationen müssen auf eine sich permanent verändernde Umwelt reagieren. An die Stelle festgefügter und beständiger Organisationsstrukturen sind daher vielfältige Innovationsmaßnahmen, häufige Restrukturierungsprozesse, temporäre, projektförmige Arbeitszusammenhänge und organisationsübergreifende Netzwerkstrukturen getreten; die »Kopplung von Person und Organisation« wird dadurch zunehmend komplexer, fluider und dichter. Durch das immer stärkere und unmittelbarere Ineinandergreifen individuellen und organisationalen Handelns gewinnen die einzelnen Personen für den Arbeitsablauf innerhalb der organisationalen Strukturen eine größere Bedeutung (Luhmann, 2000; Wimmer, 2015). Je mehr die Organisationen ihre Binnenkomplexität erhöhen, umso mehr machen sie sich von der Leistungsfähigkeit und Leistungsbereitschaft ihrer Mitglieder abhängig (Wimmer, 2015). Zugleich erweitert sich das Spektrum der für den Fortbestand der Organisation zwingend zu erfüllenden Anforderungen an die einzelnen Organisationsmitglieder. Neben der Fachkompetenz der Personen werden deren Kommunikations- und Kooperationsfähigkeit zu wichtigen Erfolgsfaktoren organisationalen Handelns. Die Organisationen stellen sich inzwischen auf diese neuen Abhängigkeiten ein – durch eine Fülle verschiedener Identifikations- und Partizipationsangebote, die von der Innenausstattung der Räumlichkeiten über differenzierte Gratifikationsformen bis hin zu gezielten Personalentwicklungsmaßnahmen reichen. Durch die Subjektivierung der Arbeit (Pongratz & Voß, 2000) gewinnt die Entwicklung und Pflege von Schlüsselkompetenzen, insbesondere von personengebundenen Sozialkompetenzen, den sogenannten Soft Skills wie Teamfähigkeit und Rollenflexibilität, zunehmend an Gewicht (Fietze, 2015). Die Bereitschaft zur Verantwortungsübernahme und die Fähigkeit zur Selbstorganisation und Kooperation sind die nötigen, wenn auch stets fragilen Antworten auf die flexiblen und fluiden Strukturen. Um sich innerhalb der Organisationen zu verorten, den eigenen Platz und die eigene Rolle situationsgerecht zu interpretieren und zu gestalten, kann dabei immer weniger auf tradierte, soziokulturelle Selbstverständlichkeiten zurückgegriffen werden. Vielmehr bedarf es zunehmend der reflexiven Selbstwahrnehmung, die den Rahmen der eigenen sozialen Situierung mit einbezieht.

1.2 Entgrenzung der Arbeits- und Privatsphäre

Ein bedeutsames Parallelphänomen der Binnendifferenzierung der Organisationen ist die Entgrenzung der Arbeits- und Privatsphäre. Während mit der Entstehung der bürgerlichen Gesellschaft die Ausdifferenzierung und Trennung von Arbeits- und Privatsphäre institutionalisiert wurde, entwickelt sich im Verlauf der zweiten Hälfte des 20. Jahrhunderts eine neue Durchlässigkeit beider Sphären. Dabei handelt es sich nicht um einen Rückfall hinter deren vormalige Trennung, sondern um eine neue Verhältnisbestimmung ausdifferenzierter Formen. Wir haben es hier mit einer höchst ambivalenten Gleichzeitigkeit von einer zunehmenden Subjektivierung der Arbeit und dem Eindringen der Erwerbsarbeit in den privaten Raum zu tun: Mit den neuen – und von den Arbeitnehmer/innen vielfach begrüßten – Formen der Arbeitsplatzgestaltung wie »Home Office« wird die Privatwohnung zum Arbeitsplatz, und mit der Flexibilisierung der Arbeitszeit geht die Gefahr einer permanenten Erreichbarkeit einher (Gottschall & Voß, 2005). Die Rücknahme von Kontrolle durch die Organisation erhöht die Handlungs- und Entscheidungsspielräume der Organisationsmitglieder, fordert von ihnen aber zugleich ein großes Maß an Selbstdisziplin, Orientierungsfähigkeit und Selbstorganisation, eine bewusste Selbstverortung innerhalb der Organisation und eine aktive kommunikative Rückbindung in die kooperativen Arbeitsprozesse. Die andere Seite der Verschränkung von Privatsphäre und Arbeitswelt ist ein gleichzeitig damit einhergehender Bedeutungswandel der Arbeit selbst. Erwerbsarbeit wird nicht mehr vorrangig unter dem Aspekt der Existenz- und Statussicherung wahrgenommen, sondern als Ort der Sinnstiftung und Selbstverwirklichung (Buer & Schmidt-Lellek, 2008, S. 24ff.). Die im Privatraum kultivierten Ansprüche persönlicher Bedeutsamkeit werden auf den beruflichen Kontext übertragen. Die Verschränkung von Leben und Arbeiten führt dadurch nicht nur zu einer Disziplinierung des Individuums, sondern auch zu einer Steigerung der Ansprüche an die persönliche Lebensführung und die Realisierung persönlicher Wertpräferenzen in der Arbeitswelt. So wird besonders für die Jüngeren, die sogenannte Generation »Y« der nach 1980 geborenen Kohorten, ein deutlicher Wandel der Erwartungen an die Arbeit festgestellt. Hohes Einkommen und hoher sozialer Status haben an Attraktivität abgenommen, statt dessen erwartet die junge Generation ein höheres Maß an Selbstverwirklichung am Arbeitsplatz und gibt dem Freundes- und Familienkreis gegenüber der Arbeit mehr Gewicht (Hurrelmann & Albrecht, 2014).

Die neue Unmittelbarkeit im Verhältnis zwischen Individuum und Gesellschaft beschreibt die dynamische Verflechtung zweier einander vermeintlich widersprechender und gegenläufiger Prozesse: Das komplexe und fluide organisationale Handeln erfordert und befördert eine weiter voranschreitende Individualisierung, die von den Einzelnen verlangt, sich in diesen neuartigen Strukturen orientieren und bewegen zu können. Die Individuen müssen sich stärker denn je eigenständig und aktiv in das soziale Gefüge einbinden. Durch die Notwendigkeit der organisationalen Integration der Einzelnen nimmt die fortschreitende Individualisierung zugleich eine neue Richtung: Sie lockert nicht nur die Beziehung der Einzelnen gegenüber tradierten sozialen Bindungen, sondern forciert zugleich eine feinmaschigere Verwobenheit des Individuums in die immer komplexeren Kapillaren organisationaler Strukturen. Die wachsende Freisetzung des Individuums wird zugleich zurückgebunden in eine neue Organisationsform des Sozialen. So haben wir es mit einer wechselseitigen Verstärkung zweier gleichzeitig ablaufender Prozesse zu tun, in denen sich ein weiterer Individualisierungsschub mit der differenzierten und anspruchsvolleren Einbindung in das soziale Gefüge zu einer neuen individualisierten Sozialität verbindet.

2 Von der Therapeutisierung des Selbst zur Wiederentdeckung des Sozialen

Diese neuen Formen einer individualisierten Sozialität evozieren ein neues Selbstverhältnis der Individuen, in dem sich die Aufmerksamkeit des Individuums von einer selbstreflexiven Introspektion auf seine Selbstwahrnehmung innerhalb seines sozialen Kontexts verlagert.

In der Zeit von Mitte der 1960er- bis Ende 1970er-Jahre, in den »langen Siebzigern«, erlangt die Beschäftigung mit dem eigenen Selbst eine zuvor nicht gekannte Aufmerksamkeit (Maasen et al., 2011). Der Regisseur Ingmar Bergman, einer der Vorläufer dieser Entwicklung, lässt seinen Protagonisten Johan in »Szenen einer Ehe« sagen: »Wir sind alle Analphabeten, wenn es um Gefühle geht. Und es ist eine traurige Tatsache, nicht nur, was dich und mich betrifft, praktisch alle Menschen sind es. Wir lernen alles über den Ackerbau in Rhodesien und den Körper und über die Wurzel aus Pi oder wie das heißt, aber kein Wort über die Seele. Wir sind bodenlos und ungeheuer unwissend, wenn es um uns selbst und andere geht« (Bergman 1975, S. 148f.). Die verbreitete Faszination an einer (Selbst-)Beschäftigung mit psychischen Fragen dokumentierte sich in bis dahin ungekannten Erfolgen psychologischer Literatur, die die Bestsellerlisten eroberte, wie zum Beispiel Alice Millers »Drama des begabten Kindes und die Suche nach dem wahren Selbst« im Jahr 1979. Die Entdeckung und diskursive Entfaltung des Seelenlebens avancierte in dieser Zeit zur Lieblingsbeschäftigung des Bürgertums.

2.1 Die Therapeutisierung des Selbst

Das Interesse an psychologischen Fragestellungen hat jedoch nicht erst in den 1970er-Jahren eingesetzt, sondern konnte bereits zu Beginn des 20. Jahrhunderts beobachtet werden. Schon damals beschränkte sich die Beschäftigung mit psychologischem Wissen nicht nur auf die klinisch-therapeutische Praxis, sondern fand Eingang in verschiedene soziale Bereiche, wie zum Beispiel in die Lebenslauf- und Berufsberatung (Maasen, 2011, S. 35f.). Von der Psychologie versprach man sich »einen neuartigen Zugriff auf das Selbst« und ein Mittel der Verhaltens- und Selbstkontrolle (Jensen, 2011, S. 39). Zunächst durch die Psychoanalyse, seit den 1930er-Jahren auch durch die Ich-Psychologie wurde psychologisches

Wissen verstärkt in die Öffentlichkeit getragen, »in der Annahme, dass dieses Wissen für jeden und unabhängig von dessen psychischem Zustand nützlich und hilfreich sei. Selbst gewöhnliche Entscheidungen des Alltags sollten nicht mehr ohne Expertise und ohne intensive Selbstprüfung erfolgen können« (a. a. O., S. 41). Psychologisches und insbesondere psychoanalytisches Wissen boten damit eine geistige Orientierung, die »alltäglichen Erfahrungen zu strukturieren, zu kategorisieren und zu kanalisieren« (a. a. O., S. 48). Bis in die Zeit vor dem Zweiten Weltkrieg beschränkte sich die Bezugnahme auf psychologisches Wissen noch vorrangig auf das gehobene und gebildete Bürgertum. Das änderte sich jedoch in den späten 1960er- und 1970er-Jahren: Psychologisches Wissens durchdringt seither das Alltagsbewusstsein. Als Katalysator der Psychologisierung des gesellschaftlichen Diskurses fungierte der gesellschaftliche Umbruch Ende der 1960er-Jahre. Die Psychoanalyse wie auch die Humanistische Psychologie spielten eine prominente Rolle für die gesellschaftskritischen Positionen der Studenten- und der Antipsychiatriebewegung. Deren Resonanz in der Öffentlichkeit, aber auch die Aufnahme der analytischen und tiefenpsychologischen Therapieverfahren in den Leistungskatalog der gesetzlichen Krankenkassen, die Professionalisierung und Ausweitung psychosozialer Beratungsstellen und die Entstehung eines bunten Psychomarktes führten zu einem regelrechten »Psychoboom« (Tändler, 2011, S. 63f.).

Psychologie avancierte zu einem begehrten Studienfach, das von den Studierenden weniger als rein akademische Disziplin betrachtet wurde denn als Zugang zur »Selbsttherapie«, die mit gesellschaftskritischen Ansprüchen und emanzipatorischen Erwartungen aufgeladen wurde. Während sich die Psychoanalyse mit der marxistischen Kapitalismuskritik verband, kritisierten die Vertreter der Humanistischen Psychologie die Entfremdung des Menschen durch seine Funktionalisierung in der technisch-industrialisierten Gesellschaft und setzten dieser ein »ganzheitliches« Menschenbild entgegen. »Psychisches Leid wurde von ihnen entsprechend dem Leitideal einer ›gesunden Persönlichkeit‹ als Folge einer unzureichenden und blockierten Entwicklung des ›innersten Selbst‹ und brachliegender ›Kräfte zur Selbstverwirklichung‹ gedeutet, die nicht als Krankheit anzusehen war, sondern als [Folge von] noch zu aktivierende[m], ungenutzte[m] Potenzial« (a. a. O., S. 83). Das Programm der psychologischen Selbstbefreiung und Selbstverwirklichung richtete sich durch die Entgrenzung des Krankheitskonzeptes prinzipiell an jedermann und implizierte zugleich die Forderung einer permanenten Selbstbeobachtung und »Arbeit am Selbst«. Selbstreflexivität war hier durch ein nach innen auf das eigene Seelenleben gerichtetes Interesse charakterisiert, das im eigenen Selbst sowohl Ursache als auch Lösungen der eigenen wie der gesellschaftlichen Probleme suchte.

2.2 Die Rückkehr des Sozialen

Neben der Psychoanalyse und der Humanistischen Psychologie betrat mit der systemischen Familientherapie in den »langen Siebzigern« noch eine weitere psychotherapeutische Ausrichtung die Bühne, die auf die zu Beginn der 1950er-Jahren entwickelten Innovationen der Schizophrenieforschung zurückgeht. Schizophrenie wurde in der Familientherapie nicht mehr als intrapsychische Störung interpretiert, sondern durch »gestörte« Beziehungs- und Kommunikationsmuster erklärt. Damit vollzog sich in der Erklärung psychischer Störungen ein Paradigmenwechsel von einem individualistischen zu einem »sozialen Modell«, das das interpersonale Geschehen als eigentliche Quelle der Pathogenese identifizierte (Elberfeld, 2011, S. 112f.).

Die Lösung der psychotherapeutischen Konzepte vom medizinischen Modell hat in Verlauf des 20. Jahrhunderts zu einer Entgrenzung des Krankheitskonzepts geführt. Dadurch dehnt sich der therapeutische Diskurs nicht nur auf weitere, neu entstehende Beratungsfelder einer sich ausdifferenzierenden Expertenlandschaft aus, sondern fließt darüber hinaus in die Reflexion der alltäglichen Kommunikations- und Beziehungsprobleme ein. Das psychoanalytische Trieb- oder Objektbeziehungsmodell, das Modell des persönlichen Wachstums der Humanistischen Psychologie wie das Modell der systemischen Selbstregulation aus der Familientherapie haben seit den 1970er-Jahren in bedeutsamer Weise auf die Selbstwahrnehmung der Individuen Einfluss genommen. Die Einübung in eine psychologisch angeleitete Selbstbetrachtung förderte eine allgemeine Bereitschaft und Befähigung zur Selbstreflexivität. Der Anspruch und die Fähigkeit zur Introspektion, zur reflexiven Selbstbeobachtung und diskursiven Thematisierung persönlichen Erlebens etablierten sich als soziale Selbstverständlichkeit und dürfen seither als kulturelle Standardausstattung des bürgerlichen Verhaltensrepertoires unterstellt werden (Illouz, 2009).

Auch die Familientherapie trägt in den 1960er- und 1970er-Jahren durch die Ausformulierung ihrer psychologisch-therapeutischen Entwürfe zum Aufstieg einer neuartigen Subjektkultur bei (Elberfeld, 2011, S. 124). Allerdings ist hier eine Subjektivierungsform konzeptualisiert, in der sich das Individuum nicht nur auf sich selbst zurückbeugt, sondern darüber hinaus seine Beziehung zu seiner Umwelt in seine Selbstreflexion mit einbezieht und sich in seinem sozialen Kontext verortet. In der systemischen Familientherapie vollzieht sich damit eine Wende – von einer Konzentration auf das intrapsychische Geschehen zu einer Betrachtungsweise, welche die – wie auch immer gestaltete – *Relation* zwischen dem Individuum und seinem sozialen, interpersonalen Kontext mit reflektiert. Das

Spezifische der systemischen Familientherapie besteht somit im Aufspüren der *Gleichzeitigkeit* eines intensivierten Selbst- *und* Umweltbezugs. Der systemische Ansatz hat sich jedoch nicht nur im psychologisch-therapeutischen Diskurs als ausgesprochen anschlussfähig erwiesen. Nicht zufällig ist er in einer durch gesteigerte Komplexität charakterisierten Gesellschaft zur wichtigsten theoretischen Referenz in der Organisations- und Prozessberatung seit Mitte der 1980er-Jahre avanciert. Die Verwendung des Begriffs »systemisch« ist dabei nicht mit dem Anspruch einer geschlossenen Systemtheorie verbunden, sondern mit der Übernahme einer bestimmten analytischen Perspektive (Kühl, 2005; Wimmer, Meissner & Wolf, 2014). Maßgeblich für den Erfolg des systemischen Ansatzes ist sein gegenüber der klassischen Expertenberatung grundlegend anderes Beratungsverständnis. Die klassische Organisations- und Unternehmensberatung stellt den zu beratenden Unternehmen ihre spezifische Expertise zur Verfügung, die von diesen in der Regel aus Kostengründen nicht durch eigenes Fachpersonal abgedeckt werden kann. Die anfallenden Probleme in den Organisationen können jedoch zunehmend weniger allein durch die klassische Form der transitiven Beratung und die Kompensation einer vermeintlichen Wissenslücke behoben werden. Die Erfolgsaussichten des Wissenstransfers durch eine externe Fachberatung erscheinen vielmehr in dem Maße fraglich, in dem die Fülle an Informationen und der Rückgriff auf »objektives« Wissen oftmals selbst Teil der Komplexitätssteigerung ist, deren Zumutung durch die Beratung kompensiert werden sollte (Böschen, 2002). Vor dem Hintergrund dieser Krise der Expertenberatung sucht der Nachfragemarkt neuartige Bewältigungsstrategien und öffnet sich für Angebote der systemischen Organisationsberatung (Bergknapp, 2009, S. 26f.). Das systemische Paradigma geht gegenüber der Expertenberatung von einem prinzipiell anderen Beratungsverständnis aus: Es unterstellt eine Selbstregulierung und Eigendynamik selbstreferenzieller Systeme, die nicht von außen gesteuert werden, sondern durch von außen kommende Impulse in ihrer Eigendynamik nur »irritiert« werden können. Diese Irritationen können das System zu neuen systemimmanenten Bewegungen veranlassen. Dem veränderten Beratungsverständnis liegt komplementär ein verändertes Organisationsverständnis zugrunde (Schanne, 2010). Die Prozessberatung hat sich vom technizistischen Organisationsverständnis der Expertenberatung gelöst, das sich am Bild des Funktionsablaufs einer Maschine orientiert, und begreift Organisation als Interaktionsprozess sozialer Akteure. Sie vertritt damit explizit ein soziales Organisationsverständnis (Bergknapp, 2009, S. 33). Die neuere Beratungsliteratur und -praxis knüpft an diese Interpretation von Organisation als Resultat eines interpersonalen Geschehens an. Systemische Beratung setzt prinzipiell an der Systemebene an und betrachtet die Individuen in einem sie übersteigenden Zusammenhang organisationalen Handels (Pohlmann, 2002).

3 Soziale Selbstreflexivität: Soziogenese eines neuen Kulturmusters

In der paradigmatischen Ausrichtung des neuen Beratungsverständnisses auf das »soziale Modell« treffen zwei voneinander zunächst unabhängige Diskursstränge zusammen: Zum einen lässt sich in der Individualberatung eine Fokusverschiebung von der auf die intrapsychische Reflexion konzentrierten Beratung der psychotherapeutischen Tradition hin zu einer reflexiven Beratung beobachten, die auf die Relation des Ratsuchenden zu seinem sozialen Kontext ausgerichtet sind. Zum anderen vollzieht sich in der Organisationsberatung ein Wechsel des Organisationsverständnisses von einem funktionalistischen Maschinenmodell zu einem sozialen Modell interpersonaler Kommunikationsprozesse.

Während die individualpsychologischen Therapieformen als Resonanzphänomen im Zuge der gesellschaftlichen Ausdifferenzierung des Privaten entstanden, spiegelt sich in den neuen Formen der Prozessberatung die feinmaschige Einbindung der Individuen in die alle gesellschaftlichen Bereiche durchdringenden organisationalen Strukturen. In ihren Anfängen befasste sich die moderne Psychotherapie mit dem als krank diagnostizierten Individuum, das gerade wegen seiner Erkrankung aus den normalen Lebens- und Arbeitsvollzügen herausgenommen wurde. Trotz der konzeptionellen Aufweichung der Grenzen zwischen »krank« und »gesund« im Verlauf des 20. Jahrhunderts ist der Gegenstandsbereich der Psychotherapie auch heute vorrangig die Analyse und Reflexion des innerpsychischen Geschehens des Subjekts mit dem Ziel seiner Wiedereingliederung. Der systemische Zugang der Familientherapie zur Behandlung psychischer Störungen hat erstmals die Interaktion der Mitglieder des Familiensystems und deren Kommunikationsmuster in den Blick genommen, bleibt aber an die privaten Personen- und Beziehungskonstellationen innerhalb der Familie gebunden. Der Gegenstandsbereich und Problembezug der neuen Formen der Prozessberatung ist hingegen von vornherein die Stellung und das Verhalten des Individuums in seinen Lebens- und Arbeitsbezügen. Die Entstehung von Coaching, Supervision und Organisationsentwicklung ist von Beginn an im organisationalen Kontext lokalisiert – sei es im universitären Tutorium, in der Fallsupervision oder in der Teamentwicklung (Schreyögg, 2010). Das Konzept reflexiver Prozessberatung fokussiert nicht allein auf die Binnenperspektive des Einzelnen, sondern bezieht stets – auch in der Einzelberatung – die sozialen, interaktionalen, gruppendynamischen, organisationalen oder institutionellen Konstellationen des Klienten in die Reflexion mit ein (Bachmann, 2015; Dallüge, 2015). Auch Coaching beschränkt sich nicht auf die reflexive Selbstbetrachtung des Individuums, sondern befasst sich mit der »Kopplung von Person und Organisation«. Das Ziel von Coaching ist daher auch nicht primär die

»Optimierung des Selbst« (Bröckling, 2007), sondern eher die Optimierung der Beziehung von Person und Organisation. Aus einer systemischen Perspektive liegen die durch die Beratung angestrebten Veränderungen nicht in einer einseitigen Anpassungsleistung des Klienten an die gegebenen Rahmenbedingungen, sondern in der Klärung seines Verhältnisses zu seiner sozialen Umwelt. Die angestrebte Selbstreflexivität geht mit der Reflexion der Stellung des Klienten innerhalb seiner sozialen und kulturellen Kontexte einher und fördert seinen Blick dafür, dass diese immer auch das Ergebnis von interaktiven Aushandlungsprozessen sind.

Die Wiederentdeckung der sozialen Kontextualisierung in der Beratung negiert nicht die vorausgegangene Entfaltung und Differenzierung des Psychischen, sondern baut auf diese auf. Die neuen Formen der Prozessberatung setzen vielfach auf den vorausgegangenen psychologischen und therapeutischen Diskurs auf, bettet diesen jedoch in eine breitere, verschiedene sozialwissenschaftliche Disziplinen umfassende Perspektive ein. Auf der Grundlage der Ausdifferenzierung der bürgerlichen Privatsphäre und der Kultivierung einer intrapsychischen Selbstreflexivität durch die Psychologisierung des gesellschaftlichen Diskurses mit dem Höhepunkt in den 1970er-Jahren erfährt der Selbstbezug der Individuen seit den 1980er-Jahren eine neue Wendung, die in Korrespondenz zu den Phänomenen der Entdifferenzierung und der engen Verwobenheit der Individuen in die organisationalen Strukturen als Rückkehr des Sozialen in die Selbstreflexion der Einzelnen beschrieben werden kann.

Selbstreflexivität wird durch ihre Ausweitung auf den sozialen Kontext neu ausgerichtet. Im Anschluss an die Kultivierung der introspektiven Selbstreflexivität verlagert sich der Fokus auf die Kultivierung einer sozialen Selbstreflexivität, die die Selbstwahrnehmung der Einzelnen auf ihre sozialen Bezugssysteme lenkt. Auch dieses Mal liefert der Expertendiskurs dafür die begrifflichen Vorlagen, die die Selbstwahrnehmungen und Erfahrungen der Individuen modellieren. In der Praxis der Prozessberatung wird die soziale Selbstreflexivität methodisch angewandt und in der Interaktion mit den Klienten eingeübt. Damit tragen die Experten – meist unwissentlich und nicht intendiert – durch ihre Praxis dazu bei, die kulturellen Verhaltensstandards zu verändern.

Inzwischen sind Coaching, Supervision und Organisationsentwicklung anerkannte und verbreitete Beratungsangebote, die sich über ihre voranschreitende Professionalisierung weiter etablieren. Ihre zunehmende Akzeptanz führt dazu, dass soziale Selbstreflexivität nicht mehr nur als Sonderwissen und Problemlösungspotenzial spezialisierter Experten zur Anwendung kommt, sondern im Lebensalltag über die anlassbezogene, professionelle Hilfestellung hinaus als soziale Kompetenz vorausgesetzt wird. Damit wird über die Mechanismen der Professionalisierung und Institutionalisierung der neuen Formen der Prozessberatung die

Fähigkeit zur sozialreflexiven Selbstwahrnehmung zunehmend als verallgemeinerte Sozialkompetenz unterstellt und dadurch die soziale Anforderung verstärkt, selbst für die eigene Einbindung in die Gesellschaft Sorge zu tragen. An der soziokulturellen Entwicklung der letzten drei Jahrzehnte lässt sich die Soziogenese eines neuen Kulturmusters ablesen: Die Fähigkeit zur sozialen Selbstreflexivität etabliert sich als generalisierte Kulturkompetenz und normative Verhaltenserwartung an eine realitätsangemessene Handlungskompetenz der Einzelnen. Die Soziogenese der sozialen Selbstreflexivität dokumentiert exemplarisch die Vergesellschaftungsform der reflexiven Moderne: Das systematisch erzeugte Wissen über das soziale Leben sickert in die Lebenspraxis der Menschen ein und wird zu einem integralen Bestandteil ihrer alltagspraktischen Handlungsvollzüge und damit der Reproduktion des Systems (Giddens, 1995, S. 52ff.). Die Reproduktion des Systems ist daher nicht als Synonym für Stabilität und Handlungssicherheit misszuverstehen, sondern als Reproduktion der Komplexität und gesellschaftlichen Dynamik, die den Hintergrund für die Inanspruchnahme von Beratung darstellt.

Literatur

Bachmann, Thomas (2015). Coaching und Gruppendynamik. In: Astrid Schreyögg & Christoph Schmidt-Lellek (Hrsg.), *Die Professionalisierung von Coaching. Ein Lesebuch für den Coach* (S. 283–307). Wiesbaden: VS Verlag für Sozialwissenschaften.
Beck, Ulrich (1983). Jenseits von Klasse und Stand? In: Reinhard Kreckel (Hrsg.), *Soziale Ungleichheiten*. Göttingen: Schwartz (Soziale Welt, Sonderband 2).
Beck, Ulrich, & Beck-Gernsheim, Elisabeth (1994). *Riskante Freiheiten*. Frankfurt am Main: Suhrkamp.
Beck, Ulrich, & Bonß, Wolfgang (1989). *Weder Sozialtechnologie noch Aufklärung. Analysen zur Verwendung sozialwissenschaftlichen Wissens*. Frankfurt am Main: Suhrkamp.
Bergknapp, Andreas (2009). *Supervision und Organisation. Zur Logik von Beratungssystemen*. Wien: Facultas.
Bergman, Ingmar (1975). *Szenen einer Ehe*. Hamburg: Hoffmann und Campe.
Böschen, Stefan (2002). Risikogenese. Metamorphosen von Wissen und Nicht-Wissen. *Soziale Welt, 53*(1), 67–85.
Bröckling, Ulrich (2007). *Das unternehmerische Selbst. Soziologie einer Subjektivierungsform*. Frankfurt am Main: Suhrkamp.
Buer, Ferdinand, & Schmidt-Lellek, Christoph (2008). *Life-Coaching. Über Sinn, Glück und Verantwortung in der Arbeit*. Göttingen: Vandenhoeck & Ruprecht.
Castel, Robert (2005). *Die Stärkung des Sozialen. Leben im neuen Wohlfahrtsstaat*. Hamburg: Hamburger Edition.

Dallüge, Thomas (2015). Coaching im Kontext sozialer Systeme. In: Astrid Schreyögg & Christoph Schmidt-Lellek (Hrsg.), *Die Professionalisierung von Coaching. Ein Lesebuch für den Coach* (S. 87–103). Wiesbaden: VS Verlag für Sozialwissenschaften.

Elberfeld, Jens (2011). Patient Familie. Zur Diskussion und Praxis der Familientherapie (BRD 1960–1990). In: Sabine Maasen, Jens Elberfeld, Pascal Eitler & Maik Tändler (Hrsg.), *Das beratene Selbst. Zur Genealogie der Therapeutisierung in den »langen« Siebzigern* (S. 97–136). Bielefeld: Transcript.

Fietze, Beate (2015). Coaching auf dem Weg zur Profession? Eine professionssoziologische Einordnung. In: Astrid Schreyögg & Christoph Schmidt-Lellek (Hrsg.), *Die Professionalisierung von Coaching. Ein Lesebuch für den Coach* (S. 3–21). Wiesbaden: VS Verlag für Sozialwissenschaften.

Froschauer, Ulrike, & Lueger, Manfred (2010). Reflexiv-differenzierende Organisationsberatung. Überlegungen zur Kombination von Prozess- und Fachberatung. In: Stefan Kühl & Manfred Moldaschl (Hrsg.), *Organisation und Intervention. Ansätze für eine sozialwissenschaftliche Fundierung von Organisationsberatung* (S. 245–270). München: Hampp.

Giddens, Anthony (1995). *Konsequenzen der Moderne*. Frankfurt am Main: Suhrkamp.

Gottschall, Karin, & Voß, G. Günter (Hrsg.) (2005). *Entgrenzung von Arbeit und Leben: Zum Wandel der Beziehung von Erwerbstätigkeit und Privatsphäre im Alltag*. München: Hampp.

Heinze, Rolf G. (2011). Von der Beratung zur Gestaltung? Zur Pluralisierung der Politikberatung in Deutschland. In: Nils C. Bandelow & Simon Hegelich (Hrsg.), *Pluralismus – Strategien – Entscheidungen* (S. 194–214). Wiesbaden: VS Verlag für Sozialwissenschaften.

Hurrelmann, Klaus, & Albrecht, Erik (2014). *Die heimlichen Revolutionäre – Wie die Generation Y unsere Welt verändert*. Weinheim: Beltz.

Illouz, Eva (2009). *Die Errettung der modernen Seele. Therapien, Gefühle und die Kultur der Selbsthilfe*. Frankfurt am Main: Suhrkamp.

Jensen, Uffa (2011). Zur Konstitution des Selbst durch Beratung und Therapeutisierung. Die Geschichte des Psychowissens im frühen 20. Jahrhundert. In: Sabine Maasen, Jens Elberfeld, Pascal Eitler & Maik Tändler (Hrsg.), *Das beratene Selbst. Zur Genealogie der Therapeutisierung in den »langen« Siebzigern* (S. 37–56). Bielefeld: Transcript.

Kühl, Stefan (2005). Organisationsberatung. Konturen eines Dritten Wegs jenseits von betriebswirtschaftlicher Beratung und systemischer Prozessberatung. *OrganisationsEntwicklung* 24(2), 64–82.

Lessenich, Stephan (2008). *Die Neuerfindung des Sozialen. Der Sozialstaat im flexiblen Kapitalismus*. Bielefeld: Transcript.

Luhmann, Niklas (2000). *Organisation und Entscheidung*. Opladen: Westdeutscher Verlag.

Maasen, Sabine (2011). Das beratene Selbst. Zur Genealogie der Therapeutisierung in den »langen« Siebzigern: Eine Perspektivierung. In: dies., Jens Elberfeld, Pascal Eitler & Maik Tändler (Hrsg.), *Das beratene Selbst. Zur Genealogie der Therapeutisierung in den »langen« Siebzigern* (S. 7–33). Bielefeld: Transcript.

Maasen, Sabine, Elberfeld, Jens, Eitler, Pascal, & Tändler, Maik (Hrsg.), *Das beratene Selbst. Zur Genealogie der Therapeutisierung in den »langen« Siebzigern*. Bielefeld: Transcript.

Miller, Alice (1979). *Das Drama des begabten Kindes und die Suche nach dem wahren Selbst*. Frankfurt am Main: Suhrkamp.
Pohlmann, Markus (2002). Organisationsentwicklung und Organisationsberatung im Zeichen der reflexiven Modernisierung. *Gruppendynamik und Organisationsberatung 33*(3), 339–353.
Pongratz, Hans J., & Voß, G. Günter (2000). Vom Arbeitnehmer zum Arbeitskraftunternehmer – Zur Entgrenzung der Ware Arbeitskraft. In: Heiner Minssen (Hrsg.), *Begrenzte Entgrenzungen, Wandlungen von Organisation und Arbeit* (S. 225–247). Berlin: edition sigma.
Rosa, Hartmut (2005). *Beschleunigung: die Veränderung der Zeitstrukturen in der Moderne*. Frankfurt am Main: Suhrkamp.
Schanne, Sita (2010). *Organisationsentwicklung zwischen Organisation und Profession. Handlungslogiken interner OE-Berater*. München: Hampp.
Schein, Edgar H. (1999). *Prozessberatung für die Zukunft. Der Aufbau einer helfenden Beziehung*. Köln: Edition Humanistische Psychologie.
Schreyögg, Astrid (2010). *Supervision. Ein integratives Modell*. Wiesbaden: VS Verlag für Sozialwissenschaften.
Schützeichel, Rainer (2004). Skizzen zu einer Soziologie der Beratung. In: ders. & Thomas Brüsemeister (Hrsg.), *Die beratene Gesellschaft. Zur gesellschaftlichen Bedeutung von Beratung* (S. 273–285). Wiesbaden: VS Verlag für Sozialwissenschaften.
Sichler, Ralph (2006). *Autonomie in der Arbeitswelt*. Göttingen: Vandenhoeck & Ruprecht.
Sigmund, Steffen (2000). Anthony Giddens. In: Dirk Kaesler & Ludgera Vogt (Hrsg.), *Hauptwerke der Soziologie* (S. 159–162). Stuttgart: Kröner.
Tändler, Maik (2011). Psychoboom. Therapeutisierungsprozesse in Westdeutschland in den späten 1960er- und 1970er-Jahren. In: Sabine Maasen, Jens Elberfeld, Pascal Eitler & Maik Tändler (Hrsg.), *Das beratene Selbst. Zur Genealogie der Therapeutisierung in den »langen« Siebzigern* (S. 59–94). Bielefeld: Transcript.
Tiefel, Sandra (2004). *Beratung und Reflexion. Eine qualitative Studie zu professionellem Beratungshandeln in der Moderne*. Wiesbaden: VS Verlag für Sozialwissenschaften.
Türk, Klaus (1997). Organisation als Institution der kapitalistischen Gesellschaftsformation. In: Günther Ortmann, Jörg Sydow & Klaus Türk (Hrsg.), *Theorien der Organisation – Die Rückkehr der Gesellschaft* (S. 124–176). Opladen: Westdeutscher Verlag.
Wimmer, Rudolf (2015). *Identität und Veränderung*. Vortrag auf der Mitgliederversammlung der Deutschen Gesellschaft für Supervision am 2. Oktober 2015.
Wimmer, Rudolf, Meissner, Jens O., & Wolf, Patricia (2014). *Praktische Organisationswissenschaft. Lehrbuch für Studium und Beruf*. Heidelberg: Carl-Auer-Systeme.

Über die Autorin

Beate Fietze, Dr. phil., (Diplom-Soziologin, Diplom-Psychologin) studierte Soziologie und Psychologie an der Freien Universität Berlin und promovierte an der Berlin Graduate School of Social Sciences der Humboldt-Universität Berlin. Sie unterrichtete als wissenschaftliche Mitarbeiterin an verschiedenen Universitäten, zuletzt 2011/2012 als Vertretungsprofessorin am Fachbereich Gesellschaftswissenschaften an der Goethe-Universität Frankfurt am Main, und forscht am Humboldt Center for Social and Political Research des Instituts für Sozialwissenschaften der Humboldt-Universität Berlin zur Professionalisierung neuer Beratungsformen. Sie ist Koordinatorin des Arbeitskreises Profession und Beratung der Sektion Professionssoziologie der Deutschen Gesellschaft für Soziologie (DGS) und Mitherausgeberin der Zeitschrift Organisationsberatung, Supervision, Coaching (OSC). Seit 2013 ist sie Forschungsbeauftragte der Deutschen Gesellschaft für Supervision (DGSv).
E-Mail: beate.fietze@sowi.hu-berlin.de

Coaching im Kontext der Organisation

Michael Loebbert, Louis Klein und Markus Rettich

Im Nachklang zum dritten internationalen Coaching-Kongresses »Coaching und Gesellschaft – Coaching meets Research« trafen sich die drei Autoren, in der Praxis tätige Coaches und Organisationsberater, am 16. Januar 2015 in Berlin. Sie wollten sich in ihrem Dialog darüber vergewissern, welche Bedeutung Organisationen für das Verhältnis von Coaching und Gesellschaft haben. Wer über Coaching in der Gesellschaft von morgen Auskunft sucht, sollte auch auf die Organisation von morgen schauen: Moderne Organisationen brauchen Coaching, um sich weiter zu entwickeln. Zugleich vertieft aber Coaching den Spalt zwischen Organisation und Individuum. Das ist eine Herausforderung für gesellschaftliche Veränderung und Entwicklung. Die Auseinandersetzung über Werte, Politik und Verantwortung rückt damit auf die Tagesordnung.

Dr. Michael Loebbert (✉)
Fachhochschule Nordwestschweiz/Hochschule für Soziale Arbeit,
Institut Beratung, Coaching und Sozialmanagement, Olten, Schweiz
E-Mail: michael.loebbert@fhnw.ch

Dr. Louis Klein
Systemic Excellence Group eG, Berlin
E-Mail: louis.klein@SEgroup.de

Markus Rettich
Systemic Consulting® Network, Pfullingen
E-Mail: markus.rettich@systemic-consulting.net

1 Organisation ist der soziale Kontext von Coaching

Michael Loebbert: Der Begriff des Kontextes wird in der Soziologie nicht prominent gebraucht. In vielen soziologischen Texten wird er in Anleihe an die Sprachwissenschaft bzw. die kognitive Theorie (z.B. Vygotskij, 1969)[1]. verwendet, um auszudrücken, dass soziologische Phänomene immer im Zusammenhang stehen und nur in ihrem Zusammenhang verstanden werden können. Genau diesen Zusammenhang von »Coaching«, »Organisation« und »Gesellschaft« möchte ich mit Ihnen diskutieren.

Die Herausgeberinnen und Herausgeber dieses Bandes haben behauptet, dass die Veränderung von Gesellschaft überhaupt die entscheidende Referenz für die Entwicklung von Coaching als Beratungsform ist. Da allerdings Coaching als Dienstleistung in der Regel organisational vermittelt und organisational gebunden auftritt – und sei es auch im Fall eines einzelnen Anbieters, einer Firma, für private Leistungen –, kann Organisation als intermediäre Größe bestimmt werden. Coaching hat einen organisationalen Kontext, in der Personal- und Managemententwicklung großer Unternehmen, als Laufbahn-, Projekt- oder Executive Coaching oder auch in der beruflichen Integration und im Gesundheitscoaching. Der soziale Kontext von Coaching ist Organisation. Coaching in der Gesellschaft von morgen ist kontextualisiert als Coaching in der Organisation von morgen. Wer über Coaching in der Gesellschaft von morgen Auskunft sucht, sollte auch auf die Organisation von morgen schauen.

Louis Klein: Aus meiner Sicht ist dafür eine systemtheoretische Sicht nützlich, bei der wir soziale Systeme als Gesellschaft und Organisation als Interaktionssysteme unterscheiden. Die Systemtheorie bietet mir an, das Individuum im Verhältnis von Gesellschaft, Organisation und Interaktion zu beobachten (Luhmann, 1984). Im Erleben des Individuums ist das die Unterscheidung von privaten, organisatorischen und gesellschaftlichen Interaktionen. Die Veränderung dieser Interaktionen als Kommunikation durch die Einführung der Computer, wie sie zuerst Niklas Luhmann beschrieben und in der Folge Dirk Baecker im Konzept der »nächsten Gesellschaft« (Baecker, 2007) verdichtet hat, ist einschneidend. Allein durch die massive Erhöhung des Komplexitätsgrades im Möglichkeitsraum von Entscheidungen verändert sich alles andere: Die Zukunft ist noch unberechenba-

---

1 Lev Vygotskijs seither vielfach wiederholtes Argument war, dass die Entwicklung von Sprechen und Denken im sozialen und geschichtlichen *Kontext* verstanden werden muss. In empirischen Untersuchungen konnte er zeigen, wie sich Kinder in unterschiedlichen sozialen Kontexten in ihrer Sprach- und Denkentwicklung voneinander unterscheiden. Verbunden damit war eine scharfe Kritik der damaligen Forschung mit ihrem alleinigen Fokus auf dem Individuum.

rer und turbulenter, herkömmliche Bindungen und Verbindlichkeiten lösen sich auf, die Zeitform der Gegenwart ist ständige Krise usw. – Der Blick auf die Gesellschaft von morgen als »nächste Gesellschaft« und der Blick auf die Organisation von morgen sind aus systemtheoretischer Sicht unentwirrbar miteinander verknüpft. Und das ist auch erlebbar in der Gesellschaft und in Organisationen ebenso wie in unseren privaten Interaktionen. An diesem Erleben setzt Coaching an und ist in besonderer Weise gefordert.

2 Organisationen wälzen ihre Risiken auf das Individuum ab

Michael Loebbert: Wie lassen sich die Entwicklungsherausforderungen heutiger Organisationen als soziale Systeme für die Gesellschaft von morgen aus Ihrer Sicht beschreiben?

Markus Rettich: Die klassischen Formen der Linienorganisation mit ihrem hierarchischen Aufbau, wie sie in der Kirche und im Ständestaat des Mittelalters entwickelt wurden, sind heute nur begrenzt brauchbar. In einer globalisierten, sich schnell verändernden und komplexen Gesellschaft schaffen sie mehr Probleme, als sie lösen können. Das gilt insbesondere für international agierende Unternehmen. Sie spüren diese Grenzen wegen ihrer komplexen und dynamischen Umwelten am deutlichsten. Entscheidungswege sind zu lang und zu schwerfällig, um passende Leistungen und Produkte zu schaffen. Verkauf und Entwicklung neuer Leistungen sind zu weit auseinander, um Kunden für Innovationen zu begeistern. Regionale Besonderheiten können in rein zentral geführten Unternehmen nicht für die Entwicklung der Wertschöpfung genutzt werden. Der Kontakt zum Markt geht verloren. Statisch eingestellten Organisationen gelingt es zunehmend weniger, auf Veränderungen in ihrem Umfeld zu reagieren oder diese gar anzuführen.

Unternehmen haben darauf reagiert, indem sie neue Formen der Projekt-, der Matrixorganisation einführten. Eine weitere Entwicklungsstufe, mit der Organisationen versuchen, dem Phänomen der Entgrenzung zu begegnen, sind die Bildung von Wertschöpfungsclustern, Spin-offs oder Allianzen, welche die klassischen Vorstellungen der Organisation mit ihrem Aufbau und ihren klaren Grenzen infrage stellen. Organisationen, die sich schnell verändern können, haben im Wettbewerb die Nase vorn.

Michael Loebbert: Und damit hat sich die Frage nach der Form der Organisation grundsätzlich verschoben. Wir suchen nicht mehr nach der *einen* Form, sondern nach der *funktional passenden* Form. Das heißt, Organisation verändert sich ständig mit dem Fokus der Organisation der Veränderung; die Frage ist heute, mit welchen Interaktionen Veränderung am besten prozessiert werden soll. Oder anders formuliert: Unter den Bedingungen von VUCAD *(volatility, uncertainty, complexity, ambiguity, delayed feedback)* ist das Geschäft des Organisierens zunehmend das Geschäft der Veränderung von Organisation. Um an die Rede von Herrn Klein anzuknüpfen: Die Veränderung von Kommunikation organisiert zugleich die Veränderung der Gesellschaft und die Veränderung von Organisation als Interaktionssysteme.

Louis Klein: Am anderen Ende der Veränderungsskala, die bei internationalen Organisationen den größten Ausschlag anzeigt, stehen wahrscheinlich staatliche und soziale, nicht wirtschaftliche Organisationen. Man könnte sagen, dass diese die Möglichkeiten der veränderten Kommunikation viel weniger nutzen und genutzt haben. Von daher gibt es Unterschiede entlang dieser Skala. Individuen können das klar unterscheiden. Sie erleben Kommunikation und Interaktion in ihren oft internationalen Unternehmen anders als zum Beispiel mit einer Behörde. Und das Spannende ist, dass Individuen in einer modernen Gesellschaft extrem unterschiedliche Erlebnisräume haben – ich kann zum Beispiel durchaus frustriert sein, wenn ich die Dienstleistung meines Einwohnermeldeamtes mit meinem Internetservice vergleiche. Die Sache kompliziert sich noch einmal, da ich als Individuum nicht nur unterschiedliche Erlebnisräume unterscheide, sondern auch unterschiedliche Referenzrahmen für meine Handlungssteuerung. In einem internationalen Unternehmen handle ich anders, als wenn ich mit dem Einwohnermeldeamt zu tun habe. Nach meiner Wahrnehmung öffnet sich eine Schere, die immer weiter auseinanderreißt und zu Frustrationen führt.

Markus Rettich: Viele Verwaltungsorganisationen sind sich dessen bewusst. Und zugleich wird das Dilemma der Veränderung in Verwaltungsorganisationen besonders drastisch deutlich. Wenn solche Organisationen versuchen, Merkmale von modernen Dienstleistungsorganisationen zu entwickeln, werden die Kosten meist ausgeblendet. Solche Kosten werden nach meiner Erfahrung in keinem Budget abgebildet – ein blinder Fleck, denn in Wirklichkeit bleiben sie bei den einzelnen Mitarbeiterinnen und Mitarbeitern hängen. Und diese hier offenkundige Intransparenz gilt auch für alle anderen Organisationen: Die Transformationskosten der Veränderung werden auf die Mitarbeitenden abgewälzt. Das ist im traditionellen Gefälle von Führung besonders offensichtlich, trifft aber die klassischen Führungskräfte vielleicht noch heftiger, da ja von ihnen die Steuerung von Dilemmata explizit verlangt wird.

Louis Klein: Ulrich Beck (1986) beschreibt das in seiner Analyse der Risikogesellschaft sehr anschaulich. Die Kosten der Veränderung werden als Verschlechterung der Arbeitsbedingungen, als sogenannte Flexibilisierung, Zunahme der Arbeits- und Entscheidungsdichte, Forderung nach ständiger Erreichbarkeit auf die einzelnen Individuen abgewälzt. Sie werden zur Privatsache, wo traditionelle Organisationen mit ihren Verbindlichkeiten sich eigentlich schon lange auflösen (bei Ulrich Beck: »Individualisierung der Lebenslagen«). Für das Individuum bedeutet das die Zumutung, immer wieder eigene Lösungen entwickeln zu müssen (bei Beck: »Pluralisierung der Lebensformen«). Und diese Zumutung wird immer größer. In einer wirtschaftlich saturierten Gesellschaft bleiben Ärger und Empörung über diese immer weiter aufklaffende Ungerechtigkeit lange unter der Decke. Die Zumutung äußert sich aber durchaus: in Überforderung, in Fehlentscheidungen, aus dem Ruder laufenden Projekten, Burn-out, Verantwortungslosigkeit bis hin zu schlicht kriminellem Verhalten. Die Herausforderung der Organisation wird zur Herausforderung für das Individuum: Wie gehe ich jetzt damit um, dass die Organisation die Risiken für ihre Veränderung immer mehr und immer ausschließlicher bei mir persönlich ablädt?

3 Der Deal mit der Organisation

Michael Loebbert: Und es ist aus systemtheoretischer Sicht auch nicht plausibel, dass dieses Abwälzen mittelfristig funktionieren könnte. Es erhöht sogar die Gefahren und Risiken für die Organisation. Wenn Individuen aus diesem Kalkül der Organisation einfach aussteigen, sei es im positiveren Fall durch »innere Kündigung«, sei es durch psychische und körperliche Krankheit, sind die Kosten dafür nachher umso höher.

Markus Rettich: Oder wir bescheiden uns mit der Aussage, dass in diesen Organisationen nur »Soziopathen« halbwegs erfolgreich sein können. Sie brauchen aus ihrer Sicht keine Organisation.

Michael Loebbert: Und dann sollen insbesondere Führungskräfte Mitarbeiterinnen und Mitarbeiter dabei unterstützen, in der dauernden Organisationsveränderung ihren Leistungsbeitrag zu realisieren. Menschen in Organisationen sollen überhaupt leistungsfähig bleiben und die ständige Überforderung als persönliche Herausforderung annehmen. Coaching wird dafür als eine mögliche Antwort für Personen in komplexen Kontexten beschrieben (vgl. Baecker, 2006). Coaching als persönliche Prozessberatung unterstützt Menschen im beruflichen Bereich bei der Verbesserung und Kalibrierung ihrer Selbststeuerung. Es geht um individuellen Handlungserfolg und Leistung.

Bleibt dann aber nicht die gesellschaftliche und ethische Perspektive – zum Beispiel das Bestreben, nützliche Dienstleistungen und Produkte, effiziente und demokratisch verantwortete Verwaltung zu organisieren und dabei den Menschen immer auch als Zweck für sich selbst in Betracht zu nehmen – auf der Strecke? Ist aus dieser Sicht Coaching Trostpflaster, das nicht zur Heilung der Wunde beiträgt, sondern nur abdeckt? Oder wird der Stresspegel gleich noch einmal erhöht – durch den Zwang zur ständigen Selbstoptimierung? – Damit sind Fragen gestellt, welche die Möglichkeit einer Verbesserung der Handlungsfähigkeit von Personen durch Coaching zweifelhaft machen.

Louis Klein: In diesen Zusammenhang möchte ich gerne den Begriff der »Seelsorge« mit dem Begriff der »Handlungsfähigkeit« verbinden. Damit wäre für mich ein Spektrum für den Einsatz von Coaching markiert. Es wird Situationen in Organisationen geben, Coaching mehr noch als tatsächliches Trostpflaster, seelsorgerisch dem Individuum zur Seite zu stellen, um mit der fraglichen Situation klarzukommen. Mein Ziel ist: Ich komme klar. Am anderen Ende des Spektrums markiert »Handlungsfähigkeit« die manageriale Sicht: Wie kann ich meine Handlungsfähigkeit erweitern? In Anlehnung an Ross Ashbys Gesetz[2] (Ashby, 1958) der erforderlichen Varietät ist Handlungsfähigkeit eng verbunden mit Resilienz als der Fähigkeit, immer wieder Stabilität und Orientierung herzustellen, entsprechende Handlungen auszuwählen und mein Repertoire zu erweitern. Mein Ziel ist an diesem Ende, dass ich das, was ich tue, auch verstehe und verantworten kann.

Markus Rettich: Darin wird der Coach zum Alter Ego und zum Ermöglicher von Orientierungsleistung des Individuums, eine Leistung, die Organisation als Organisation nicht mehr länger hervorbringt, ja nicht mehr hervorbringen kann. Die klassische hierarchische Organisation nicht, weil ihre Orientierungsbehauptung für die Individuen nicht mehr glaubwürdig ist. Vertrauen in die Vorsicht und Steuerung von Führung zu setzen, ist unter den Bedingungen der Moderne schlicht naiv. Postmoderne agile und fluide Organisationen haben diesen Anspruch aufgegeben und weisen Orientierungsleistung explizit den Individuen zu. Und heutige Organisationen sind sogar genau auf diesen Leistungsbeitrag des Individuums angewiesen: Orientierung zu finden und zu geben.

Michael Loebbert: Der Widerspruch von Individuum und Organisation bleibt in seiner Schärfe und Tiefe offen: Die Handlungsziele des Individuums sind nicht deckungsgleich mit denen der Organisation. Das persönliche Lebensglück von Individuen ist modernen Organisationen gleichgültig, jedenfalls solange es in ihrem Wertschöpfungskalkül keine Rolle spielt. Und selbst dann hat es immer instrumentellen Charakter im Kontext des Funktionierens von Organisation. Welche Handlungsmöglichkeiten bleiben mir aber, wenn ich meine Seele nicht an die Organisation verkaufen will?

---

2 »Ashby's Law« besagt: Je höher die Handlungsvarietät eines Systems ist, desto eher ist es in der Lage, Veränderungen der Umwelt zu absorbieren und sich selbst zu steuern.

Markus Rettich: Aus dieser Sicht der Auseinandersetzung mit einem Alter Ego ist Coaching ein Raum, in dem es darum geht, auszuhandeln, welche Leistungsbeiträge das Individuum der Organisation zur Verfügung stellt. Letztlich sollte ich mir darüber klar werden, welchen Deal ich mit der Organisation eingehe und eingehen will. Das heißt, Ziel von Coaching ist eben auch, mich an veränderte Kontexte anzupassen und mich immer wieder an die Anpassung anzupassen, eine Art von Kontextregie einzuführen, welche die Voraussetzung meiner Handlungsfähigkeit ist. Darum ist Coaching immer zunächst und zuerst dem Individuum, der Person verpflichtet. Gelingende Orientierung bedeutet mehr Chancen für eine Selektion, eine Auswahl von Handlungsmöglichkeiten, die geeignet scheinen. Zum Beispiel die Wahl, nicht in ein Burn-out zu geraten, sondern mit einer kleinen Gruppe Gleichgesinnter einem Projekt einen anderen Spin zu geben oder eine Aufgabenverschiebung anzustreben. Dazwischen gibt es weitere Handlungsmöglichkeiten, die mich aus der Situation des Getriebenen in die Rolle des Mitspielenden bringt. Oder noch besser: Ich kann mir die Frage stellen, wie ich meinen Leistungsbeitrag so erbringen kann, dass ich Freude dabei empfinde. – Damit wird der Neutralität und Emotionslosigkeit des klassischen Organisationsdenkens die Individualität, das individuelle Erleben entgegengesetzt.

Michael Loebbert: … mit dem Risiko, dass es dem Individuum geht wie dem Blogger bei jenen arabischen Scheichs, die mit dessen Verurteilung zu tausend Peitschenhieben jenen Teufel der Autonomie des Individuums austreiben wollen, den sie mit Coaching zu sich eingeladen hatten.[3]

Markus Rettich: Das ist wohl ein etwas krasses Beispiel für die Begrenzung der Handlungsfähigkeit durch die Organisation.

Michael Loebbert: Ja, wenn eben Mitspielende überhaupt nicht vorgesehen sind, sondern nur Getriebene, wie Sie gerade gesagt haben.

Markus Rettich: Immerhin weist das Beispiel darauf hin, dass Handeln mit dem Risiko des Scheiterns und des Misserfolgs verbunden ist.

4 Komplexe Organisationen brauchen Coaching

Louis Klein: Und zugleich: Nichts motiviert in der Arbeit so sehr wie die Arbeit selbst und deren Erfolg. Das war ja schon ein Ergebnis der Studien von Frederick Herzberg und seinen Kollegen (Herzberg, Mausner & Snyderman, 1959) in den Fünfzigerjahren des letzten Jahrhunderts. Im Unterschied zu früheren Zeiten sieht

---

3 Der inhaftierte saudische Blogger Raif Badawi hat im Oktober 2015 den Sacharow-Preis des EU-Parlaments „für die geistige Freiheit" erhalten.

sich allerdings eine Organisation dafür nicht mehr in der Pflicht. Umso schärfer wird akzentuiert, dass das Individuum selbst verantwortlich ist für seine Arbeitsfreude. Arbeitsfreude ist eine Leistung des Individuums und auf dem Weg der Selbstoptimierung zu erlangen. Sie ist von einem Faktor der Motivation zu einer Norm, einem Imperativ geworden: Du sollst bei der Arbeit Freude empfinden! Und wenn nicht, ist das nicht nur dein Problem, sondern auch eine fehlende Leistung. Keine Arbeitsfreude zu haben, ist ein persönlich zugeschriebener Mangel. Coaching soll dann dazu helfen, diesen Mangel zu beseitigen. Mitarbeiter sollen selbst dafür sorgen, dass sie Spaß und Freude an ihrer Arbeit haben und behalten. In eine ähnliche Richtung geht auch die Kritik von Purser und Loy am Begriff der Mindfullness (Purser & Loy, 2013): Es wird die Achtsamkeit und Verantwortung für das, was die Organisation als Apparat anrichtet, auf das Individuum kaskadiert. Du als Individuum musst sehr viel achtsamer sein, dass in der Organisation nichts schiefgeht.

Michael Loebbert: Individuelle Handlungsspielräume stoßen schnell an die Grenzen der Organisation: vorgegebene strategische Linien, Regeln für Zeit und Zusammenarbeit, kulturelle Normen und Tabus. Die Organisation als Organisation entwickelt selbst Prozessmuster, die das Individuum weder verändern noch umgehen kann. Teilweise sind diese Muster unbewusst und damit auch nicht steuerbar. Teilweise wäre eine Veränderung von Machtstrukturen und Kulturmustern so teuer und entbehrungsreich, dass es sich für das Individuum nicht lohnt, sich dafür einzusetzen. Aus dieser Sicht ist es sogar naiv, die Steuerungs- und Orientierungsleistung nur den Individuen zu überlassen. Andererseits ist aus systemtheoretischer Sicht die Einführung von Coaching die Möglichkeit, einen Beobachter zweiter Ordnung – eine Metawahrnehmung – in das System einzuführen. Damit erhöht sich die Varietät der Handlungsmöglichkeiten systematisch. Der Prozess des Organisierens als die Produktion von Leistungen wird erst darin operativ geschlossen. Moderne, sich ständig verändernde Organisationen brauchen diese zweite Ebene als Möglichkeit, die Festlegung ihrer Prozessmuster infrage zu stellen und in komplexen Umgebungen erfolgreiche Anpassungs- und Veränderungsleistungen zu erbringen.

Louis Klein: Ja, und darum ist eine entscheidende Stellgröße für Coaching das klassische Kontraktdreieck, mit der Organisation als Auftraggeber an der einen Ecke und Klienten und Coach an den anderen beiden.[4] Coaching steht immer unter der Spannung mindestens dieser drei Perspektiven und Rollen. Auftrag der Organisation und Anliegen des Klienten sind in der Regel nicht deckungsgleich und müssen es auch nicht sein.

---

4   Vgl. zu Dreieckskontrakten in der internen Beratung sowie im Coaching: Klein (2002).

Markus Rettich: Um es noch ein wenig zu komplizieren. Organisation ist an allen drei Ecken präsent. Klassisch wird die Organisation vermittelt durch den Vorgesetzten. Coaching ist darin zugleich gerahmt durch strategische Personalentwicklung, durch Programme und repetitive Aufträge mit ihren eigenen Logiken, Zielen und Organisationsbedingungen. Dann steht an der zweiten Ecke der Coachee mit seinen Perspektiven der Organisation, Loyalität, Engagiertheit und Enttäuschung, Überforderung und Leistungsbereitschaft. Und der Coach an der dritten Ecke, ob intern oder extern, ist selbst im Moment des Coachings in der Organisation gebunden: Er wurde vielleicht durch eine Einkaufsabteilung eingekauft, die bestimmte Verhaltensregeln, Regularien, Rechnungsstellung usw. durchsetzt. Vielleicht gibt es einen formellen Auftrag, Überprüfung der Zielerreichung, Rechenschaftspflichten usw.

Die Organisation ist also selbst Gegenstand bzw. Aushandlungsgegenstand im Coaching, nicht nur Rahmen oder Bedingung. Und sei es, dass der Klient zunächst seine eigenen unterschiedlichen organisationalen Perspektiven und Loyalitäten mit sich selbst aushandeln muss. Explizit ist der ständige Aushandlungsprozess, das Kontraktieren der Leistungen von Coach und Klienten mit der Organisation; implizit ist die Organisation Gegenstand in jedem Arbeitsschritt der Prüfung von (neuen) Handlungsspielräumen.

Michael Loebbert: Im Coaching bezieht sich Organisation auf sich selbst. Coaching wird für die Praxis der Organisationsentwicklung und Veränderung ein wichtiger Hebel. Denn die Rückbesinnung auf das Individuum und die konkrete Kooperation von Individuen wird für die Veränderung und Entwicklung von heutigen und morgigen Organisationen unausweichlich. Coaching ist aus dieser Sicht immer auch Organisationsentwicklung. Darum ist es für Organisationen nützlich, wenn Coachs, Klienten und Auftraggeber Coaching und Beratung auch explizit organisational kontextualisieren, entsprechende Kontrakte formulieren und diese auch der Organisation zur Verfügung stellen. »Programm«, »kulturelle Passung«, »strategische Einbettung« sind dafür auch aus meiner Sicht wichtige Konzepte. Die für Coaching vorausgesetzte Vertraulichkeit schützt weder den Coachee noch die Organisation wirklich vor der Zumutung der Ergebnisse.

Markus Rettich: Und deshalb gibt es auch jenseits der Diskretion als Voraussetzung von Coaching eine Vielzahl von organisationalen Schleifen, sei es für Coaching-Berichte, bei der Zusammenstellung von Coaching-Pools, beim internexternen Erfahrungsaustausch, bei der Einführung von kollegialem Coaching, in dem die Organisation auch explizit selbst zum Thema wird. Tatsächlich ist es auch notwendig, die Ergebnisse von Coaching immer wieder zu reintegrieren, damit die Organisation faktisch ihre Steuerungsfähigkeit behält und auch beweisen kann.

Der Weg vom individuellen Anliegen zum Auftrag wird durch den Kontrakt gestaltet, geformt, begrenzt und ermöglicht.

Michael Loebbert: Ein wichtiger Beitrag von Coaching zur Organisation ist daher nicht die Stabilisierung der Organisation selbst in ihrem jeweiligen Zustand, sondern die Stabilisierung von Organisation als Prozess des Organisierens (vgl. Weick, 1985).

Louis Klein: Weiß aber die Organisation auch darum? Weiß sie um dieses Paradox, Orientierungsleistung an Individuen zu delegieren und im gleichen Moment wieder zu sich zurückzunehmen? Und wenn sie es weiß, wie werden die entsprechenden Prozesse gestaltet?

Markus Rettich: Vielleicht weiß sie es nicht immer explizit. Allerdings steigt mit der Zunahme von Komplexität der möglichen Interaktionen auch die Chance, dass die entsprechenden Interaktionen ausgewählt werden, die das im Coaching entwickelte Wissen auch in der Organisation bearbeitbar machen. Die stets auch mögliche Destabilisierung der Organisation ist in diesem Zusammenhang zufälliger Kollateralschaden und nicht wirklich intendiert: Mitarbeitende verlassen das Unternehmen, Führung wird infrage gestellt, strukturelle Konflikte kommen auf die Tagesordnung usw. Entscheidend ist, dass Coaching überhaupt stattfindet. Schon darin wird die Funktionalität von Organisation gefestigt und gestärkt.

Louis Klein: Da schließt sich eine kritische Hinwendung an, denn wenn dieser Rücklauf vom Coaching in die Organisation nicht stattfindet, gibt es Druck im Kessel. Was passiert denn mit dem Individuum, das im Coaching realisiert, was alles mit ihm geschieht, wie Organisation systematisch, vielleicht noch unter dem Deckmantel des »Enabling«, ihre Risiken auf das Individuum überwälzt? Das Individuum, der Mensch, sagt dann vielleicht: So eine Schweinerei! Ich soll das ganze Risiko tragen! Ich soll noch besser funktionieren! Ich soll noch achtsamer sein! Ich soll noch mehr Verantwortung übernehmen! In dem Rahmen, den ihr mir hier zur Verfügung stellt, ist das gar nicht zu leisten! – Es empört sich aus seiner neu gewonnenen Orientierung. Der Kollateralschaden kann zur Existenzbedrohung sowohl für das Individuum als auch für die Organisation werden. Ist Organisation auf den Erfolgsfall von Coaching überhaupt vorbereitet?

Markus Rettich: Aus pragmatischer Sicht stellt sich da eher die Frage nach einer Nachverhandlung. Wenn Organisation nicht funktioniert – oder nicht so funktioniert, wie sie es behauptet –, muss wieder verhandelt werden, was die Leistung und der Preis für das Individuum sind. Welche Form der Nachverhandlung bietet sich? Es geht ja auch um Geld: Wenn Organisation ihre Kosten senkt, ihre Leistungsanforderungen erhöht, ohne mir mehr zu bezahlen, finde ich das ungerecht.

Louis Klein: Was herauskommt, ist Frustration und Empörung.

Markus Rettich: Es muss neu verhandelt werden. Und dann würde es eben im Coaching darum gehen, eine rollenadäquate Formulierung dieser Emotionen wie

Frustration oder Empörung zu gestalten. Konkret geht es im Coaching um die Aufstellung der eigenen Handlungsbilanz. Vielleicht auch um die Frage, welche ungedeckten Schecks ich selbst ausgegeben habe. Was ist meine Verantwortung mir selbst gegenüber? Und mit der Reflexion seiner Handlungsbilanz durch den Coachee werden diese Handlungsalternativen neu bewertet. Und je nachdem, wie die Bewertung ausfällt, werden seine Steuerungs- und Orientierungsleistung, wird sein Beitrag für die Organisation ausfallen.

Michael Loebbert: Coaching bleibt eine Zumutung für die beteiligten Personen, sich diesem Dilemma zu stellen.

Markus Rettich: Und zugleich eine Zumutung für Organisation.

6 Werte und Politik

Louis Klein: Genau an dieser Stelle kommt für mich Gesellschaft wieder ins Spiel. Sie ist die Referenz für die Reflexion dieser Erfahrung der Zumutung. Wie geht Gesellschaft damit um, wenn Individuen Organisation als Zumutungsraum erleben? Alain Ehrenberg hat das formuliert mit seinem »erschöpften Selbst« (Ehrenberg, 2008), das genau in dieser Ambivalenz hängen bleibt, sein eigener Souverän sein und zugleich dem Druck der Anpassung folgen zu sollen. Richard Sennett (2006) hat es mit seinem »flexiblen Menschen« aufgegriffen, der letztlich daran verzweifelt, seinem Leben noch einen nachvollziehbaren Sinn zu geben. Peter Sloterdijks Pointe in seinem Buch »Du musst dein Leben ändern« (Sloterdijk, 2012) wäre die Gemeinschaft der ewig Übenden.

Wir erleben eine Gesellschaft der Selbstoptimierer. Alles, was dir angeboten wird, damit du dem entsprechen und an dir arbeiten kannst, solltest du nutzen. Was geschieht, wenn du diese Frage der Orientierung in und von Organisation zu deinen Freunden, deiner Familie, zu den Kollegen in deinem Sportverein trägst? Du wirst vielleicht getröstet, oder du wirst zurückgefragt: Was lässt du da eigentlich mit dir machen? Es entsteht eine Empörung. Zugleich wird damit die Gegenposition formuliert, eine eigene Position zu behaupten.

Michael Loebbert: Meine Antwort auf die Frage: »Was lässt du mit dir machen?«, wird zur Antwort auf die Frage: »Was willst du denn machen?«

Louis Klein: Nur dass dir in der Organisation vielleicht niemand zuhört, sich keiner für die Antwort interessiert.

Michael Loebbert: Aber mindestens deine Familie und deine Freunde, deine Kollegen im Verein und Menschen im Rahmen deines öffentlichen Engagements. Damit knüpft Coaching an einen gesellschaftlichen Diskurs an. Was wollen wir noch mit uns machen lassen? – Werte wie Gerechtigkeit oder Demokratisierung werden neu herausgefordert. Welchen Beitrag leistest du in deiner Organisation zu Gerechtigkeit, Frieden und Armutsbekämpfung? Es entsteht Politik.

Markus Rettich: Nach Luc Boltanski und Ève Chiapello (2003) ist ein »neuer«, ein veränderter Kapitalismus der Rahmen dieses Werte- und Politikdiskurses. Es wird mehr auf Eigenverantwortung geschaut. Flexibel, immer neue Chancen suchend, beweglich soll der Mensch sein. Werte verändern sich. Neue Werte werden in den Vordergrund gerückt. Werde ich zum Beispiel als individuell Klagender wahrgenommen oder in meiner professionellen und staatsbürgerlichen Verantwortung?

Louis Klein: Ich nehme eher eine Zunahme von Orientierungslosigkeit wahr. Paradoxe Grenzen von Werten verunsichern. Wie viel Toleranz dürfen wir zum Beispiel gegenüber Intoleranz zeigen? Schließt sich das nicht aus? Und da ist es für mich noch überhaupt nicht entschieden, ob das zu einer Frustration im eigenen System führt oder zu einer Art von konstruktiver Debatte.

Michael Loebbert: Die Anmahnung von Orientierungs- und Handlungsfähigkeit fällt dann auch im politischen Sinne an das Individuum zurück und ist Bestandteil des politischen Diskurses ...

Louis Klein: ... der wieder neue Paradoxien hervorbringt und damit neue Orientierungslosigkeit bzw. Bedarf nach Orientierung. Das bringt mich wieder zurück zur Seelsorge, diese noch einmal an ihrem ursprünglich religiösen Ort aufzusuchen. Denn aus dieser Sicht ist es nicht verwunderlich, dass Religionen ein Comeback erleben, erwarten wir doch hier Antworten. Denn auch der Verweis auf den politischen Diskurs gibt keine inhaltliche Antwort. Er setzt eine ideale Form voraus, die er in Realität nicht einlöst. Letztlich bleibe ich also alleingelassen, sowohl mit den Risiken der Gesellschaft als auch mit den Risiken der Organisation. Morgen ändert sich die Geldpolitik, und meine Sparguthaben sind kaum noch etwas wert. Mein Unternehmen wird verkauft, und ich bin arbeitslos.

Es ist die Frage nach dem, was bleibt: nach der Substanz, der Essenz. Darin entsteht ein zweiter Rücklauf von Coaching in die Organisation über Fragen an Werte und Wertvorstellungen. Werteorientiertes Management oder Corporate Social Responsibility sind mögliche Überschriften auch im Coaching. Woran genau orientiert sich ein Management, das sich an Werten orientiert? Woran orientiert sich ein Unternehmen, wenn es sich an der Gesellschaft orientiert? Woran orientieren sich Menschen in Organisationen, wenn sie sich an Werten orientieren wollen? Orientieren sie sich an den Werten, die im Coaching erst entstehen, gefunden und artikuliert werden? Und ist eine vom Coaching als Seelsorge durchdrungene Gesellschaft eine, die genau in diesem Coaching generisch die diskursethischen Grundlagen der eigenen Werte schafft?

Michael Loebbert: Darin wird Coaching existenziell ernste Begegnung, Auseinandersetzung und Reflexion in der großen Spannweite vom persönlichen Leistungsbeitrag, der Sinngestaltung der Gesamtorganisation bis zur Entwicklung von Gesellschaft. Das ist vielleicht die größte Stärke von Coaching, dass es kein Thema ausschließt, dass es sogar jedes Thema einschließen muss. Coaching setzt selbst einen Maßstab: Handlungserfolg mit dem Diskurs über Werte zu verbinden, »Sinn und Erfolg«. Damit ist auch eine Neuformulierung und Weiterentwicklung der Erwartungen an Coaching von Kunden und Klienten verbunden. – Da entsteht etwas.

Markus Rettich: Heutige Organisationen brauchen Coaching, wenn sie ihre Veränderung weiter erfolgreich organisieren wollen.

Louis Klein: Moderne Gesellschaften auch.

Michael Loebbert: Das sind ja schöne Aussichten. Vielen Dank für das Gespräch.

Literatur

Ashby, W. Ross (1958). Requisite variety and its implications for the control of complex systems. *Cybernetica, 1*(2), 83–99. http://pcp.vub.ac.be/books/AshbyReqVar.pdf [17.10.2015].
Baecker, Dirk (2006). *Coaching Complexity.* Vortrag am 3. März 2006 an der Humboldt Universität Berlin. www.berliner-coachingtag.de/downloads/2006/Prof%20Dirk%20Baecker%20Coaching%20in%20komplexen%20Organisationen.pdf [17.10.2015].
Baecker, Dirk (2007). *Studien zur nächsten Gesellschaft.* Frankfurt am Main: Suhrkamp.
Beck, Ulrich (1986). *Risikogesellschaft. Auf dem Weg in eine andere Moderne.* Frankfurt am Main: Suhrkamp.
Boltanski, Luc, & Chiapello, Ève (2003). *Der neue Geist des Kapitalismus.* Konstanz: UVK.
Ehrenberg, Alain (2008). *Das erschöpfte Selbst. Depression und Gesellschaft in der Gegenwart.* Frankfurt am Main: Suhrkamp.
Herzberg, Frederick, Mausner, Bernard, & Snyderman, Barbara Bloch (1959). *The Motivation to Work.* San Francisco: Wiley.
Klein, Louis (2002). *Corporate Consulting. Eine systemische Evaluation interner Beratung.* Heidelberg: Verlag für Systemische Forschung im Carl-Auer-Systeme-Verlag.
Luhmann, Niklas (1984). *Soziale Systeme.* Frankfurt am Main: Suhrkamp.
Purser, Ron, & Loy, David (2013). Beyond McMindfulness. Blogeintrag, Huffington Post, 7.1.2013. www.huffingtonpost.com/ron-purser/beyond-mcmindfulness_b_3519289.html [14.10.2015].
Sennett, Richard (2006). *Der flexible Mensch: Die Kultur des neuen Kapitalismus.* München: Siedler.
Sloterdijk, Peter (2012). *Du musst dein Leben ändern. Über Anthropotechnik.* Frankfurt am Main: Suhrkamp.
Vygotskij, Lev S. (1969). *Denken und Sprechen.* Stuttgart: S. Fischer [russische Erstauflage 1934].
Weick, Karl E. (1985). *Der Prozess des Organisierens.* Frankfurt am Main: Suhrkamp.

Über die Autoren

Michael Loebbert, Dr., Executive Coach und Organisationsberater. Programmleitung, Lehre und Supervision Coaching Studies an der Hochschule für Soziale Arbeit, Fachhochschule Nordwestschweiz. Coaching und Supervision für Beratung. Einschlägige Veröffentlichungen zu Beratungs- und Managementthemen (Professional Coaching, Kultur und Veränderungsprozesse Führen, Storymanagement). Mitherausgeber des „International Journal of Mentoring and Coaching", 15 Jahre Führungserfahrung in Bildungs- und Beratungsunternehmen.
E-Mail: michael.loebbert@fhnw.ch, Internet: www.coaching-studies.ch

Louis Klein, Dr., ist Organisationssoziologe und Chairman der Focus Group on Social and Cultural Complexity am International Center for Complex Project Management (ICCPM) und Director der World Organisation of Systems and Cybernetics (WOSC). Im Jahr 2010 erhielt Louis Klein den zum ersten Mal ausgelobten Forschungspreis des International Center for Complex Project Management. Als Experte, Fachbuchautor und Berater im Bereich des Systemic Change Management ist er Gründer und CEO des international tätigen Systemic Excellence Group in Berlin.
E-Mail: Louis.Klein@SEgroup.de

Markus Rettich, Erziehungswissenschaftler, ist Executive Coach und interner Managementberater. Er leitet Leadership-Programme in einem internationalen Konzernunternehmen und begleitet als freiberuflicher Organisationsberater Unternehmen und Organisationen in Veränderungsprozessen. Er ist Dozent im Modul Executive Coaching der Coaching Studies an der Fachhochschule Nordwestschweiz. Seit fünfzehn Jahren ist er zudem Vorstand des Systemic Consulting Network.
E-Mail: markus.rettich@systemic-consulting.net

Gott schuf den Menschen, und der formt sich selbst

Coaching neu gedacht

Jesus Hernandez Aristu

> *Der Mensch, das Geschöpf, welches Geschaffenes gestaltet und umgestaltet, kann nicht schaffen.*
> *Aber er kann, jeder kann sich und kann andere dem Schöpferischen öffnen.*
> *Und er kann den Schöpfer anrufen, dass er sein Ebenbild rette und vollende.*
> *(Martin Buber, Reden über Erziehung, 1969 [1953], S. 40)*

Im Zuge der Postmodernität – oder einfach: der Moderne – erleben wir in Westeuropa und vielerorts in der Welt so etwas wie eine neue Renaissance, eine *Re-Renaissance,* die wieder den Menschen als Einzelwesen in den Mittelpunkt der Betrachtung stellt, in der Kunst wie in der Wissenschaft, der Politik, der Philosophie. Inzwischen nimmt das Individuum, der Einzelne einen Ort ein, der wenig Raum für das Gemeinsame lässt, für das Öffentliche, Kollektive. Dieses andere Phänomen, bei dem Menschheit als Gattung erscheint, als Ganzes, als Gemein-

---

Prof. Dr. Jesus Hernandez Aristu (✉)
Trabajo Social/Soziale Arbeit, Universidad Pública de Navarra
Larraya, Navarra, Spain
E-Mail: jesusharistu@gmail.com

schaft, hat an Gewicht verloren. Nicht, dass Gesellschaft keine Bedeutung mehr hätte, aber sie ist zweitrangig geworden. Das Ergebnis ist widersprüchlich, denn wie es der Soziologe Ulrich Beck (1997) einmal formuliert hat: »Wer für sich lebt, muss sozial leben«, nicht nur im Sinne des Münchner Soziologen – weil die anderen auch da sind –, sondern im Sinne eines gesellschaftlichen Zwangs. In einer Zeit, in welcher der Einzelne an Gewicht gewinnt, nimmt in der Tat das Kollektive, nimmt das gemeinsame Leben gleichzeitig zu. Schon nach der Geburt lebt man mit anderen Babys in Krippen zusammen, dann mit anderen Kleinkindern im Kindergarten und in der Schule. Ganz ähnlich später in den Altenheimen, in Clubs und ähnlichen Einrichtungen oder beim gemeinsamen Reisen, Essen, Sich-Amüsieren. Fast in allen Bereichen des Menschenlebens erscheint der Einzelne in seinem Glanz, als Unikum, als Besonderes, als Absolutum, als Unantastbares, mit Einzelrechten versehen, zugleich aber in der Notwendigkeit, mit anderen zu leben, Raum und Zeit mit ihnen zu teilen. Die Soziologie als Wissenschaft der Gesellschaft nennt den Prozess Individualisierung und betrachtet die Gesellschaft als »Haufen« von Individuen.

1 Individualisierungsprozess, wo bleibt die Gesellschaft?

Wenn wir die Entwicklung des Gegenstands der Soziologie, der Gesellschaft, betrachten, stellen wir eine Entwicklung fest, bei der sie (die Soziologie) von einer Wissenschaft des Gemeinwesens, in der der Einzelne »nur« Teil ist, zu einer Wissenschaft des gesellschaftlichen Zusammenlebens der Einzelnen wird. Einer Wissenschaft also, in der die Gesellschaft als Gefüge einzelner Individuen behandelt wird, von Wesen, die gleichsam nebeneinanderstehen. Wir sprechen von subjektorientierter Soziologie, was nach Karl M. Bolte (1997, S. 35) bedeutet, »dass man nicht nur gesellschaftliche Phänomene [...] oder historisch/gesellschaftstypische Verhaltensweisen und Probleme von Menschen [...] als solche herausarbeitet und analysiert, sondern darüberhinaus systematisch die (wechselseitigen) Einwirkungen von Individuen und gesellschaftlichen Strukturen aufeinander in den Blick nimmt«. Diese Entwicklung wird von namhaften Soziologen beschrieben als Entbindung des Individuums von früheren Formen, Traditionen und Vorschriften. Dies hat Beck (1997, S. 28) dazu geführt, Individualisierung als Prozess der »Entbettung« *(disembedding)*, Auflösung alter Strukturen und Schaffung neuer Lebensformen zu beschreiben.

Der Mensch wird einerseits also von der Gesellschaft befreit, doch die Kehrseite ist, dass anderseits auch die Gesellschaft und ihr besserer Ausdruck, der Staat, gegenüber den Individuen freigelassen werden. Die Gemeinschaft wird frei von ihren Pflichten gegenüber ihren Mitgliedern, den Individuen. Das Individuum bleibt allein und verlassen, auf sich selbst gestellt – mit großer Freiheit versehen, zugleich aber mit der Aufgabe, für alles im Leben selbst aufzukommen. Die Optionen, die das Leben bietet, werden für den Einzelnen zum Groll, ständig wählen, kreieren und entscheiden zu müssen. Jede/r muss das Risiko auf sich nehmen, dass er sich vertun, etwas verpassen, sich verfehlen könnte. Das Vorgegebene wird seitens der Individuen verworfen. So entlässt die Gemeinschaft die Individuen in die Freiheit, oder wie Bauman (2003, S. 37) es ausdrückt: »Individualisierung bedeutet die Verwandlung der menschlichen Identität als etwas [durch die Gesellschaft, Anm. d. Verf.] Vorgegebenes in eine Aufgabe [seiner selbst, Anm. d. Verf.] und die Übernahme der Selbstverantwortung und ihrer Nebenfolgen bei anderen.«

2 Von der Ich-Stärke zur Vereinsamung des Ich

In der eher sozialpsychologischen Tradition geht die Frage nach der Identität zusammen mit der Frage nach Ich-Entstehung und Ich-Entwicklung als Resultat der Auseinandersetzung des (menschlichen) Organismus mit den sozialen und physischen Umwelten. Das Individuum wird in diese Umstände hineingeboren und wächst – von einem anfänglich diffusen, symbiotischen Ich (mit der Mutter) zum autonomen Ich. Diese Entwicklung bewirkt wiederum, dass vom Menschen, der sich noch in Entwicklung befindet – Kindheit und Jugend –, der reife Mensch unterschieden wird, den dann (die anderen) als Erwachsenen ansehen. In der psychoanalytischen Tradition spricht man von Ich-Stärke als Ziel der Erziehung bzw. des Sozialisierungsprozesses.

Aus einer Sozialisationsperspektive hieß es: Die Ich-Werdung eines Menschen geschieht in der Auseinandersetzung des Individuums mit der Gesellschaft, sei diese nun offen (gemäß dem symbolischen Interaktionismus in der Linie von Mead und Habermas) oder eher geschlossen (Strukturalismus nach Talcott Parsons). Das Individuum wird als Reproduktion der gesellschaftlichen Zugehörigkeit (Durkheim) betrachtet. Wenn wir in Systemen denken, können wir Sozialisation auch als Auseinandersetzung des Subjekts mit seiner Umwelt betrachten (vgl. Baumgart, 2000). Das Ergebnis dieser Auseinandersetzung ergab im besten Fall ein autonomes Ich, mit einer starken Identität, aber auch einer Zwangsjacke (Reich, 1971, S. 17ff.). Diese resultiert aus dem Widerspruch zwischen natürlichen, ewigen sexuellen Bedürfnissen (des Individuums) und der kapitalistischen Gesellschaftsordnung und darüber hinaus aus der jahrtausendealten Unterdrückung des natürlichen Lebens. Das hat zu einem Konflikt geführt, den Wilhelm Reich zwischen

Trieb und Moral, Ich und Außenwelt angesiedelt hat. Im Zuge der Emanzipationstheorie – von Marx, Freud, Marcuse zur neomarxistischen Kritischen Theorie der Frankfurter Schule bis Jürgen Habermas – und dank gleichzeitiger emanzipatorischer Bewegungen war der Mensch aufgerufen, sich in allen Bereichen des Lebens zu befreien, sich zu emanzipieren, alle Zwänge moralischer, politischer, sozialer, erzieherischer Unterdrückung zu überwinden, kurzum: sich von der Gesellschaft zu befreien und für ein starkes, autonomes und freies Ich zu plädieren, zu kämpfen, sich in allen Bereichen des Lebens dafür einzusetzen. Das soll in Solidarität mit anderen (Gleichgesinnten) geschehen. Die Befreiung, die Emanzipation resultiert aus dem gemeinsamen Kampf. Solidarität entsteht aus strategischer Berechnung: »Zusammen geht es besser«, Ziele werden leichter gemeinsam erreicht. »Allein geht es [das Ich, d. Verf.] kaputt, allein wird es erdrückt als ein universell verwaltetes, manipuliertes, von einer übermächtigen Reizfülle eingeschüchtertes Ich, das aus sich heraus nichts mehr bewegen kann«, bemerkt Richter (1974, S. 69). Das Gefühl der Einsamkeit beim Einzelnen, die »Furcht vor der Freiheit« (Fromm) bei vielen lässt sich umwandeln in ein Bedürfnis nach enger Verbundenheit mit anderen. »Man erkennt«, gibt Wilhelm Reich zu, »dass dies eine Veränderung ist, die man nicht allein aus sich heraus herstellen könnte. Man braucht dazu von vorneherein die anderen.« Doch erst beim Versuch, den Individualismus durch Gruppe, Kollektiv und Gemeinschaft zu überwinden, merkt man, wie tief auch »die individualistischen Konzepte verwurzelt sind und viele Versuche zunichtemachen, Kommunikation und Solidarität in Gruppen zu verwirklichen« (Richter, 1974, S. 71)[1] – oder einfach ausgedrückt: wie »höllisch« die anderen sein können (Sartre).

In der Tat, die Selbst-Bewusstheit des individuellen Ich und das Bewusstsein des eigenen Wertes ist das Resultat einer langen Geschichte der westlichen Welt und Kultur, geprägt durch die Antike und ihre Mythen wie auch durch Christentum, Aufklärung und Moderne. Es geht dabei um das Verhältnis zwischen Subjekt und Gesellschaft, mithin zwischen Ich-Werdung und Gesellschaft, denn im Ich findet das Individuum seinen Ausdruck und seine Struktur. Wenn Giddens (1994) betont, dass das Kennenlernen der äußeren Wirklichkeit einst von der [durch die anderen, Anm. des Verf.] vermittelten Erfahrung abhing – andernorts (1997, S. 25) hat Giddens die Aussage noch akzentuiert: »Tradition und Natur pflegten sozusagen relativ feststehende Landkarten zu bilden, die zur Strukturierung des gesellschaft-

---

1 Klaus Wahl (1989) hat in seinem Buch *Die Modernisierungsfalle, Gesellschaft, Selbstbewusstsein und Gewalt* die ideengeschichtliche Entwicklung des Individualisierungskonzepts von der Antike, mit Homer als Vorbild bzw. Prototyp des individualisierten Helden, über das Christentum, mit der Lehre vom individualisierten Seelenheil und dem vom Judentum übernommenen Gedanken der Auserwähltheit der bekennenden Individuen u.a., bis hin in die Moderne und zur Ich-Kultur dargestellt.

lichen Handelns beitrugen« –, so rückt heute im Zuge der Enttraditionalisierung und der Individualisierung zunehmend das individuelle Ich in die Mitte der Betrachtung. Doch Einsamkeit, Eigenverantwortung, Isolierung, Selbstentscheidung mit den entsprechenden Eigenrisiken und vor allem Angst vor Bindung sind Kennzeichen der bis zum Extremen geführten Individualisierung, die allerorts betont wird: »Do it yourself.«

3 Der Ruf nach Rettung

Eine Gesellschaft von Individuen, die nicht mehr über gemeinsame Werte, gemeinsame Ziele und Glaubenssätze oder Prinzipien verfügt, eine Gesellschaft mit einer neoliberalen Wirtschaft erodiert nicht nur den subjektiven Charakter (Sennett, 2000), sondern zerfällt in ein Konglomerat von einzelnen kleinen Gruppierungen, Zirkeln von Gleichgesinnten, Gleichinteressierten, mit vorläufiger Bindung (»Garderoben-Gemeinschaften«; vgl. Bauman, 2005, S. 72), in der alles fließt, nichts Bestand hat, in der die Individuen flüchten auf der Suche nach sich selbst, ohne Vorgabe, ohne Versprechungen, ohne Sicherheiten. Der moderne Glaube, dass der Mensch sich dem Immateriellen zuwendet, wenn die materiellen Bedürfnisse befriedigt sind, ist nicht in Erfüllung gegangen, denn in einer entwickelten Gesellschaft wie der europäischen ist tendenziell die Existenz breiter Bevölkerungsschichten nicht mehr gesichert, und das gilt nicht nur für Spanien, Italien oder Griechenland, sondern auch für Länder wie Deutschland, Holland oder Belgien. Auch in diesen Ländern tendiert der Arbeitsmarkt dazu, sich zu flexibilisieren – mit den entsprechenden Unsicherheiten und Risiken. Die persönlichen Bindungen lockern sich (Zunahme von Ehelosigkeit und Ehescheidungen, wenig Reiche, mehr Arme). Das Individuelle ersetzt das Gesellschaftliche. Gesellschaft wird zu einer Anhäufung intermittent sich konnektierender-entkonnektierender Individuen, Gemeinschaften mit sporadischen, leicht zu brechenden, fragilen Verbindungen, die, wie es Bauman (2005) ausdrückt, nur so lange halten, wie die Vorstellung (im Theater) läuft.

Kein Wunder, dass in diesen allerorts sinkenden Schiffen der Identitätswelt und der Zusammengehörigkeit nach Einheit und Gemeinschaft gerufen wird und dass dieser Ruf in Nationalismen aller Art, der Staaten und der (Klein-)Völker, wie wir es in Europa zurzeit erleben, und in vielen Sekten und Gruppierungen Echo und Ausdruck findet.

Zur gleichen Zeit, und zum Teil im Widerspruch zu diesen Tendenzen, bringt die Verherrlichung des Einzelnen, der in einer leicht zu kontrollierenden Gemeinschaft – der Gruppe, des Volkes, der Nation – Zuflucht sucht, eine Verengung des

Horizonts in einer (offenen) Welt der tausend Möglichkeiten mit sich. Das wiederum droht den Einzelnen zu ersticken. Gebunden, verbunden, mit der ganzen Welt im Konnex, bleibt man vom Nächsten abgeschottet. So entsteht eine neue Ambivalenz, die der Einzelne zu meistern angehalten ist. »More people are bowling than ever, but participation in teams has declined. People are bowling alone«, so beschreibt Hallowell (2006, S. 35) die gegensätzliche Lage der Menschen unserer Zeit. (Allein zu kegeln, ist im Grunde ein Widersinn.)

Bei diesem »Wirrwarr von Problemen«, wie es Bauman (2005, S. 33) nennt, wird der Ruf des Einzelnen nach Rettung laut mit der Folge, dass alle Helferinnen und Helfer der Welt sich zur Stelle gerufen fühlen. Sie treten mit allen ihren Heilsversprechen, inflationären Therapien aller Art, mit alternativen Methoden des Helfens bis hin zum Versprechen geistlicher Führung, Begleitung und Vollendung an.

Dabei entsteht ein großes Durcheinander von einander bekämpfenden Ansätzen, Schulen, Richtungen, Formen, Namen, Methoden, alle mit dem Anspruch, der oder die beste zu sein, ohne dass es Merkmale zur Auswahl und Differenzierung zwischen bewerteten und nicht bewerteten Handlungen gäbe, ohne Kriterien, die eine Unterscheidung zwischen Scharlatanen und echten, fundierten Professionellen erlauben. Dazu kommt die allgemeine Ablehnung altbewährter Traditionen des Heils und deren, die sie praktizieren, der traditionellen Führer und Führerinnen, weil sie altmodisch sind, von diskreditierten Figuren repräsentiert werden und/oder weil sie in alten Organisationsstrukturen verankert bleiben.

4 Coaching: Wie lange noch? – Das goldene Kalb

Zu diesen modernen Heilsversprechen ist auch Coaching zu zählen. Denn wie sonst ließe sich die rasche Verbreitung dieser an sich jungen Form des Helfens in allen Ländern des Westens erklären? Coaching entstand als Funktion und Aufgabe der Manager, der Führungskräfte und Leitenden gegenüber ihren Untergebenen, Mitarbeitenden, Teams, dann als Hilfe, Orientierung und Stützung von außen zur besseren Erfüllung der Leitungs- und Managementfunktion bei schwierigen Aufgaben im Betrieb und in den Organisationen. Inzwischen wird Coaching aber als Hilfsmittel für alles, für alle und überall, für alle Belange des Lebens angeboten.

Gilt Coaching denn für alles und für nichts? In der Tat wird es für Führungskräfte genauso wie für Arbeiterinnen und Arbeiter empfohlen, fürs Privatleben ebenso wie für das Öffentliche, für Kinder wie für Eltern, für Lehrer und Schüler, Ausbilder und Lehrlinge, für Arbeitgeber und Arbeitnehmer, für Arbeitsteams und Alleinverantwortliche, für Sportlerinnen und Sportler, für geistig Kranke wie für Gesunde, für Arbeitsuchende wie für Erwerbstätige. Es ist also anscheinend ein

Universalheilmittel in einer »entfesselten«, »flüchtigen« Welt, einer Welt «außer Kontrolle« *(runaway world),* wie Giddens (2000) sie nannte. Wenn das praktische Prinzip der Gestalttherapie stimmt, dass »alles nichts« ist, hat es dann aber noch einen Sinn, über Coaching zu reden? Muss Coaching ergänzt werden mit einem Suffix, Eltern-, Kinder-, Führungskräfte-, Schüler-, Lehrer-Coaching, damit es verstanden wird?

Wenn der Begriff »Coaching« in seinem Verständnis so mannigfaltig und ambivalent, im Sinne Baumans, wird, dann wird er aber auch unbeschreibbar, undefiniert und vorläufig, wie alle anderen gesellschaftlichen Erscheinungen unserer Zeit, die keinen Bestand mehr haben.

Beim Instituto Europeo de Coaching (2015) finden wir folgende – auf J. Whitmore gestützte – Definition bzw. Beschreibung dessen, was Coaching ist:

> Coaching besteht darin, jemandem zu helfen, selbstständig zu denken, eigene Antworten zu finden, in sich selbst das eigene Potenzial zu entdecken, den Weg zum Erfolg zu finden [...], sei es in Geschäften, in persönlichen Beziehungen, in der Kunst, im Sport, in der Arbeit.

Das ganze Potenzial des (einzelnen) Menschen soll entwickelt und gesteigert werden, der Einzelne soll zum Erfolg in allen seinen Lebensbereichen befördert werden: in der Familie, im Beruf, in den eigenen Existenzaufgaben und Problemen, in jedem Alter und jeder Situation. Was Schlimmes kann jemandem passieren, der unter der Leitung eines (guten) Coachs seinen Aufgaben, seinen Zielen, seinen Lebensanforderungen entgegentritt?

Positiv ausgedrückt: Wer seine Ziele (persönlicher, beruflicher, sozialer, kultureller Art) unter der Leitung eines (guten) Coachs verfolgt, dem ist Erfolg gesichert.

Öfter werden dafür Parolen in Form von Prinzipien oder Axiomen entwickelt, an die man nur zu glauben braucht: Folge deinem Herzen, dein Potenzial ist unbeschränkt.

Do it yourself. Alle Kräfte des (einzelnen) Menschen werden entfesselt. Der Mensch gestaltet sich selbst mit Hilfe des Coachs. Mit seiner Unterstützung ist jede und jeder in der Lage, die selbst gestellten Ziele zu erreichen, als ob die Welt und die anderen uns zu Füßen lägen. Der Mensch ist frei von jeglicher Bindung, allein und als Monade im All, freischwebend, irreal und gespenstisch. Menschen ohne Halt, die sich voller Zweifel nach Hilfe umschauen, sind die Opfer, neutraler ausgedrückt: Sie sind die Adressaten. Die Gesellschaft hat sie entlassen, der Coach wird sie nun rettend an- und aufnehmen. Dabei hat Coaching seine eigene Ambivalenz entwickelt, es ist Ausdruck und zugleich Widerspiegelung der Gesellschaft (vgl. Hernandez Aristu 2014).

Zur gleichen Zeit oder in Folge daraus entwickelt sich ein idyllisches Verhältnis zwischen Coaching und Wirtschaft. Hatten wir – über 400 Supervisoren und Supervisorinnen aus vielen Ländern Europas 2001 am I. Internationalen Kongress zum Verhältnis Coaching/Supervision in München – nicht darüber diskutiert? Die Frage, die uns beschäftigte, war, ob Supervision etwas für arme Leute sei – Sozialarbeiterinnen, Lehrer –, Coaching aber für Reiche – für Führungskräfte großer Konzerne und Betriebe? Es lässt sich besser finanzieren. Zurzeit scheint die Antwort zu lauten: Coaching für alle und alles. Auf dem Marktplatz der Hilfeangebote lässt sich Coaching leichter verkaufen als Supervision (»von oben schauen«) oder Therapie (riecht nach Krankheit) ... Lernen ist etwas für Ignoranten ... für allgemeine Beratung braucht man keine besondere Qualifikation (das kann jede und jeder). So wird Coaching also zur Ware, ohne Kompromiss, ohne Engagement und ohne Bindung: verkauft – gekauft, gebraucht – weggeworfen ... wie jede andere Ware auf dem Markt, auf dem jede und jeder sich bemüht, zu zeigen, dass seine Ware besser ist als die am nächsten Stand in einem nicht zu erfüllenden Streben nach dem Besten. Anstatt die Menschheit zu fördern, fördert man den Einzelnen oder die Einzelne. Wie gut hat das doch der Philosoph Michel Serres (2013, S. 40) zum Ausdruck gebracht:»Unsere Vorfahren haben sich für die Klarheit des Lichtes entschieden, während wir mehr auf seine Geschwindigkeit setzen.« Oder wie Bauman (2010, S. 87ff.) sinngemäß sagt: Die Individuen, auf sich selbst zurückgeworfen, wetteifern listig mit eigenen Ressourcen, um universelle Probleme einzeln zu lösen, was sie wiederum zu mehr gegenseitiger Konkurrenz antreibt. Dadurch werden Gemeinschaft und Solidarität irrelevant.

In diesem Sinne wird Coaching dann auch zur Widerspiegelung der neoliberalen Marktwirtschafts-Gesellschaft, die die Coachs und ihre Organisationen bzw. fachlichen Tendenzen (Schulen, Methoden, Ansätze usw.) zum extremen Konkurrenzkampf treibt: Wer mit welchen Methoden (Schulen, Tendenzen oder Techniken) beim Klienten in der Lage ist, das Beste zu bewirken, profitorientiert und heilsversprechend. Was bleibt dann übrig, wenn alles zur Mode wird und bald Neues über den Markt hereinbricht, etwa Mediation oder Meditation, *mindfullness*?

5 Bewusstseinserweiterung als Ziel des Coachings – und der Gesellschaft?

Betrachtet man die großen psychotherapeutischen Persönlichkeiten und ihre Ansätze – von der Psychoanalyse bis zur humanistischen Psychologie und Pädagogik (vor allem im Bereich der Jugend- und Erwachsenenarbeit) –, so steht immer ein allgemeines Ziel im Vordergrund der Tätigkeit und der Interventionsfelder, nämlich das Gewahrwerden, das Bewusstwerden, die Bewusstseinserweiterung und die Bewusstseinsentwicklung. Die zentrale Hypothese von Freuds Psychoanalyse ist, dass die meisten seelischen bzw. inneren Prozesse unbewusster Natur sind. Die Unterscheidung zwischen Bewusstem und Unbewusstem wird zum Axiom der gesamten Psychoanalyse und darüberhinaus aller Wissenschaften, die sich mit dem Menschenwesen beschäftigen. Gerade beim psychoanalytischen Verfahren wird die Verwandlung von Unbewusstem in Bewusstes gesucht, immer im Wissen, dass das meiste beim Menschen unbewusst bleibt. Damit beginnt in der Psychologie, aber auch in der Pädagogik das Rennen um ein besseres Können zur Förderung der Bewusstwerdung, der Bewusstseinsentwicklung und Bewusstseinserweiterung.

Bewusstsein wird verstanden als Kapazität des Menschen – und nur des Menschen –, zu den Objekten Distanz zu nehmen, wobei sich der Mensch als Objekt seiner selbst betrachten kann. Dazu gehört auch die Tendenz des Menschen, die Objekte zu handhaben, was man auch als Intentionalität kennt. Das entspricht Husserls Konzept des Bewusstseins, das immer Bewusstsein »von« ist, und beinhaltet im Sinne von Habermas eine Distanzierung des Subjekts von den Objekten, von der Natur, der Gesellschaft, sogar von der Sprache und von sich selbst. Gerade diese Fähigkeit zur Distanznahme deutet Habermas (1987)[2] als Aufgabe des Therapeuten, um dem Klienten zur Überwindung eigener Irrtümer und Täuschungen zu verhelfen. Er schließt daraus, dass beobachtbare Objekte handhabbare Objekte und damit, im Sinne der Handlungstheorie, veränderbar sind.

In der Pädagogik ist der Ansatz von Paulo Freire (1970) als *conscientização* oder Bewusstwerdungspädagogik bekannt; Freire meint, aus der Wahrnehmung der Wirklichkeit (als innerer und äußerer Wirklichkeit) ergebe sich die Aktion, die Handlung. Durch Reflexion werde der Mensch seiner existenziellen Situation bewusster, und dieses Bewusstsein treibe ihn unwillkürlich zur (gemeinsamen) Aktion. Freires Konzeption des Lehrens und Lernens ist vergleichbar mit der von Carl Rogers (vgl. Hernandez Aristu, 1977, S. 62ff.; Rogers, 1978, S. 123); sie verweist auf die stufenweise Entwicklung des menschlichen Bewusstseins, von einem primitiv-archaischen zur einem transitiven-kritischen (reflexiven) Bewusstsein. Freire führt dann aber auch eine Unterscheidung zwischen dem Bewusstsein des einzelnen Menschen und dem der Menschheit als Gattung ein; zwischen individueller und gesellschaftlicher Bewusstseinsentwicklung gäbe es also einen Graben. Während die allgemeine Bewusstheit der Menschheit auf einer bestimmten

---

2 Auf der Grundlage von Habermas' Theorie des kommunikativen Handelns, ergänzt um die Theorie der menschlichen Kommunikation von Watzlawick, Beavin und Jackson (1969), habe ich eine Theorie der Kommunikation als des psychosozialen Fundaments der Sozialen Arbeit und Supervision entwickelt (vgl. Hernandez Aristu, 1991).

Stufe angelangt ist, kann es Einzelmenschen oder Menschengruppen geben, die schon eine höhere Ebene erreichen, aber auch solche, die, aus welchen Gründen immer, auf tieferer Stufe verharren. Von daher sollten wir, wenn wir von Coaching sprechen, auch diese Doppelperspektive berücksichtigen, sonst könnten daraus bei Beraterinnen und Beratern Missverständnisse entstehen. Anders gewendet, lassen sich bei Berücksichtigung dieser Unterscheidung viele Konflikte in der Handhabung der Beratungssituationen vermeiden.

Was macht nun aber ein Coach, wenn er mit einer schwierigen Situation seines Klienten konfrontiert ist, mit Krankheit, Verzweiflung oder Trennung? Was tut er, wenn die Klientin von starken Erlebnissen berichtet (Träumen, inneren Regungen, Erleuchtungserfahrung oder Seinsfühlung) oder wenn sie vor wichtigen Entscheidungen steht? Wie ist da zu intervenieren? Wie kann man damit in der Beratung umgehen? Das an sich rationale Konzept des Bewusstseins »von« wirkt zu kurz, um alle menschlichen kollektiven und Einzel-Bewusstseinszustände erfassen. Denn Bewusstsein ist ja ein offener Prozess, wie andere Autoren es nennen, sowohl des Einzelnen als auch der Gesellschaft, ja gar der Menschheit.

Ken Wilber (1991, S. 254ff.; 1997) spricht von zehn Basisstrukturen (oder -schichten) des Bewusstseins, die von der ersten, undifferenzierten, pränatalen Matrix bis zur siebten Struktur formal-reflexiv normal-evolutiv verlaufen (vgl. Integral Informiert 6/07, S. 5ff.), und bemerkt dazu, dass die Menschheit kollektiv bis zur siebten Struktur gelangt sei: Je mehr Individuen aber die höchsten Strukturen des Bewusstseins erreichten (Stufe 8 – subtil, kausal und nichtdual – bis Stufe 10), desto leichter würden auch unsere Nachkommen zum höchsten Level gelangen. Also gibt es nach Wilber so etwas wie eine reziproke Interaktion zwischen Individuen und Kollektiv, zwischen dem individuellen Bewusstsein und dem Bewusstseinsstadium der Menschheit als Gattung, sogar generationenübergreifend. Die Stufen folgen einander unabhängig von der Ich-Struktur, die aber von der Entwicklung nicht ausgeschlossen ist, vielmehr auf ihr basiert und mit ihr einhergeht.

Im Übrigen verschwinden die unteren Stufen im Laufe der Entwicklung nicht, sondern sie werden jeweils in der darauffolgenden Stufe integriert. Innerhalb jeder Stufenstruktur können sich Phasen (Zustandsstufen) entwickeln, doch unabhängig davon können die Basisstrukturen auch in höhere Stadien münden, von denen wir noch nichts wissen, denn sie können in die Erleuchtung bzw. ins Nirwana führen.

Wilfried Nelles (2009, S. 27) unterscheidet seinerseits sieben Entwicklungsstufen des Bewusstseins beim Menschen, und ähnlich wie Wilber verbindet er das Bewusstsein westlicher Prägung, also die entwicklungspsychologische Sicht, mit östlichen Konzepten und lokalisiert seine Stufen im Körper, und zwar in den sogenannten Chakras. Das Bewusstsein fließe ständig weiter, betont Nelles, »es kennt weder Stillstand, noch fließt es rückwärts und ist in jedem Moment neu«.

Das Interessante an diesen Bewusstseinskonzepten liegt meines Erachtens unter anderem darin, dass sie Natur (Instinkt, symbiotische Einheit, Ureinheit des Kindes und seiner Impulse, 1. Stufe) und Geist (Transzendenz) zusammenbringen. Sie integrieren Körper, Leib und Seele (Psyche, Chakras), letztlich auch westliches und östliches Gedankengut bzw. westliche und östliche Psychologien. Sowohl Wilber als auch Nelles betonen die notwendige Entwicklung des Bewusstseins einer psychischen Struktur, die des Ich, (Stufe 6, 7 und 8 bei Wilber, Stufe 3 bei Nelles) bis hin zu seinem Verschwinden auf den höheren Stufen des Bewusstseins (Stufen 8 bis 10 bei Wilber, 7 bei Nelles).

Diese Phänomene des Bewusstseins und seine aufsteigende Bewegung sind ein möglicher Ausgangspunkt (Diagnose) zur Bewusstseinserweiterung beim Coaching nach Alters- bzw. nach Entwicklungsstand des einzeln zu beratenden Subjekts, sei es ein Kind oder seine Eltern, ein Schüler oder seine Lehrerin, ein Lehrling oder sein Meister, eine Leiterin oder ihr Untergebener. Es lässt auch die Möglichkeit zur Entwicklung, einzeln und gesellschaftlich, zu neuen Formen (Stufen) des Bewusstseins offen (vgl. z.B. Enomiya-Lassalle, 1981; Naranjo, 1993; Capra, 1985, 1991). Allen genannten Autoren gemeinsam ist die Vorahnung, dass sich in der Gesellschaft, sogar auf Menschheitsebene ein Wandel des Bewusstseins anbahnt, dessen Charakteristiken sich nur diffus beschreiben lassen. Es handelt sich, wie sie sagten, um eine Übergangszeit, in der sie selbst sich befanden, mithin eine Übergangszeit der Gesellschaft. Eine, in der sich eine Wandlung im Bewusstsein des Menschen vollziehen sollte. So sprach Enomiya-Lassalle (1981, S. 74ff.) von der Entstehung des Bewusstseins der vierten Dimension. Sie wird aber verstanden als Mutation, die »in allen Lebens- und Denkbereichen konkret wirksam ist, weltbildend, die früheren Dimensionen integrierend, zeit- und raumüberwindend. Auch wenn das Konzept der vierten Dimension auf Einstein zurückzuführen ist, wird es in der neuesten Literatur auch für ökologisches (Goleman, 2009), integrierendes Bewusstsein verwendet, und es wird damit ausgesagt, dass sowohl die ganze Menschheit als auch ihr *oikos* Weltall, Eigen- und Fremdschicksal in sich vereinigen. Wie Capra (1991, S. 124ff.) es einmal in ein Bild gefasst hat: Der Wassertropfen, die Schneeflocke müssen ihre eigene individuelle Struktur verlassen, um mit dem Ozean wieder eins zu werden, aus dem sie selbst durch Mutationen einzeln entstanden sind. Anders ausgedrückt: »Das Ego muss sterben, um an seine Urquelle zurückzukommen.« Wer kann mit Sicherheit sagen, wo ein Mensch beginnt und wo ein anderer aufhört (a.a.O., S. 78)?

In einigen früheren Aufsätzen habe ich auf das »Dazwischen« hingewiesen, auf den Raum, der in den Beziehungen zwischen Menschen entsteht und der zugleich auf eine innere Verbundenheit zwischen (allen) Menschen hinweist (»nichts Menschliches ist mir fremd«). In Anspielung auf Hemingways Romantitel »For whom the bell tolls« («Wem die Stunde schlägt«) habe ich vor einigen Jahren geschrieben: »The bells of love and hatred, of pain and joy, of triumph and defeat, of poverty, misery and wealth, of fear and liberty, of being and the ›should be‹ status always toll for you and for me, whoever it may be, it will always for us« (Hernandez Aristu, 2008, S. 309). Dieses dialogische Prinzip bildet meinen festen Standpunkt, beim Coaching, aber auch bei allen meinen Hilfshandlungen. Die Verflochtenheit menschlicher Existenz lässt sich nicht in individuelle Existenzen zerstückeln.

Dieses für mich unerschütterliche Axiom dient mir bei meinem beraterischen Handeln als Basis und Orientierung. Die grundlegende, ursprüngliche menschliche Vernetzung hat bei Martin Buber (1979, S. 32) ihren besten Ausdruck gefunden, als er schrieb: »Der Mensch wird am Du zum Ich. Gegenüber kommt und entschwindet, Beziehungsereignisse verdichten sich und zerstieben, und im Wechsel klärt sich, von Mal zu Mal wachsend, das Bewusstsein des gleichbleibenden Partners, das Ichbewusstsein« oder auch: »Unerforschlich einbegriffen leben wir in der strömenden All-Gegenseitigkeit« (a.a.O., S. 20). Aus interaktionssozialpsychologischer Perspektive ist die Rede von »Intersubjektivität«, für dieses miteinander verbundene Gebilde.

6 Auf dem Weg zu einem integrativen Coaching- bzw. Beratungs-Konzept und integrativer Beratungshandlung

Das Coaching-Konzept und entsprechendes Handeln, das einen Beitrag zur Entwicklung des Einzelnen und vielleicht auch der ganzen Menschheit leisten soll, müsse dieser Tendenz gerecht werden, nämlich dem sich entwickelnden Bewusstsein des Einzelnen und der (gesamten) Menschheit hin zu einem ökologischen, holistischen, allumfassenden, solidarischen, universellen Bewusstsein. Denn daraus entsteht nicht nur eigenes individuelles Wachstum (im Sinne der Individualisierung), sondern auch eine Verantwortung gegenüber dem anderen (im Sinne der Individuation).[3] Es geht um die Integration von Einzelsubjekt und Gesellschaft – um das Leben miteinander (soziale Kopplung), um Verbindung mit der Natur *(oikos)* und um die Herausforderung des eigenen Lebens (Lebensprojektion und -gestaltung). Solche Coaching- und Handlungs-Konzepte sind eingebettet in die

---

3   Der Begriff »Individuationprozess« stammt aus der Analytischen Psychologie von C. G. Jung und bezeichnet den Reifungsprozess der Seele in folgenden Stufen: Ich-Findung, Du-Findung, Wir-Findung, Gott-Findung (vgl. Das neue Lexikon der Pädagogik, Bd. 2, Herder, Freiburg 1970, S. 279).

humanistische Tradition sowohl in der Psychologie (mit Freud, Jung, Adler, Reich u.a.) als auch in der anthropologischen Philosophie (von Buber, Marcel, Bollnow) und in der historischen Entwicklung der meistentwickelten Therapien und Beratungssysteme, wie sie bei Carl Rogers, bei Perls und den Gestalttherapeuten, bei menschlichen Kommunikationstheorien und -praktiken (Watzlawick, Virginia Satir, Erikson usw.), bei den sozialen Systemkonzepten und den darauf basierenden therapeutischen bzw. beraterischen Konzepten und Handlungen, bei Ressourcen- und Resilienzmodellen zu finden ist.

Ich stelle in unserer Zeit eine tiefgehende (dialektische) Auseinandersetzung fest, zwischen Individuum und Gesellschaft, zwischen globalen und lokalen Umwelten, zwischen Ich und Du, zwischen privater und gesellschaftlicher (Um-)Welt. Es erweckt den Eindruck, dass wir alle miteinander verflochten, vernetzt sind und dass es mein, unser Schicksal ist, dass wir uns alle im gleichen Schiff auf offener See befinden, auf einer Fahrt, deren letztes Ziel nicht festgeschrieben ist. So gesehen, gewinnt Coaching eine tiefgehende Bedeutung für alle Betroffenen, Kunden und Professionelle.

Deshalb muss Coaching ein doppeltes Mandat erfüllen: Einerseits fungiert die Beraterin als Wegweiserin für andere, sie muss beratend wirken und helfend reagieren auf die mannigfaltigen Situationen, Forderungen, Zweifel, Wünsche, Möglichkeiten usw., die der einzelne Kunde im Gefüge des Gemeinsamen (Vernetzung, bzw. Umwelt) in der Beratungsstunde bekundet. Andererseits befindet sich die Beraterin selbst als Mensch in unserer Gesellschaft auf der Suche, als Wesen auf dem Weg, genau wie die anderen auch – ohne Sicherheiten und festen Glauben, auch wenn sie vielleicht einen Schritt weiter ist als ihr Kunde. Als Coach unterwegs zu sein, also mit ähnlichen Unsicherheiten und Zweifeln behaftet wie die zu Beratenden, zugleich aber für sie als Wegweiser zu wirken, ist keine einfache Aufgabe.

Es bedarf beim Professionellen eines weit entwickelten Bewusstseins: von sich selbst und von den eigenen sozialen Umständen. Ein solcher Coach muss ein ausgewogenes Gleichgewicht zwischen Nähe und Distanz gegenüber der Klientin entwickelt haben und über breites Wissen und eine reiche Palette von beraterischen Konzepten, Mitteln und Werkzeugen verfügen.

Damit ist für den Coach aber auch eine doppelte Aufgabe beim Handeln verbunden, die unter den Titel Integration fallen: Integration verschiedener Ansätze, Theorien und Handlungsmodelle. In diesem Sinne sprechen einige Autoren von »integrativer« Therapie« oder Beratung, es gibt sogar Schulen, die diese Integrationsaufgabe zu ihrem Kennzeichen gemacht haben. Es gibt Zeitschriften, die diese Auffassung vertreten, in Kanada, aber auch in Deutschland. In unserem europäischen Raum ist das integrative Modell der Supervision und des Coachings etwa bei Astrid Schreyögg (1992) und in der Zeitschrift OSC, deren Herausgeberin sie ist, hervorzuheben.

Bei diesen Integrationsbeispielen geht es um das Ziel, zu helfen und der Vielfalt der Probleme, der Existenzherausforderungen gerecht zu werden, vor denen die Kunden stehen und die sie als Material in die Coaching-Sitzung mitbringen. Es geht nicht um undifferenzierten Eklektizismus, sondern um eine reiche Auswahl von Methoden und Techniken, die beim einem so, bei der anderen anders anzuwenden sind, über welche die Beraterin sowohl theoretisch als auch praktisch verfügen sollte. Dabei weiß der Coach, dass keine Schule oder Methode endgültig und allein gültig ist. Der Coach verfügt einfach über reiche Erfahrungen und Möglichkeiten für die konkrete Beratungssituation des zu beratenden Klienten. Die zweite Form von Integration bezieht sich auf die Leistung, die der Coach in Zusammenarbeit mit dem zu Beratenden erbringen muss. Sie besteht darin, in einem Schritt-für-Schritt-Hilfeprozess beim Klienten die an sich zerstreuten, oft widersprüchlichen Lebenserfahrungen, Wünsche, Ziele, Pläne, Aufgaben, Potenziale und Ressourcen zusammenzubringen, das heißt, sie in der sich entfaltenden Persönlichkeit des Kunden eigen werden zu lassen. Es dreht sich nicht darum, dem Klienten zu zeigen, wo es langgeht, sondern darum, alle ihm zur Verfügung stehenden Möglichkeiten bewusst zu machen und gegebenenfalls sie ihm nutzbar zu machen, sie zu vergrößern, zu entwickeln, zu erweitern als Form einer von außen genährten Öffnung der hypothetischen inneren Instanz jedes Menschen. Diese innere Instanz, das Self, die Einmaligkeit des Individuums als Wesen oder wie immer es auch genannt wird, trägt den Keim zu einer zu erfüllenden Lebensgestaltung, unabhängig davon, wie die Instanz genannt wird, wie sie zu verstehen ist und wie sie entsteht (vgl. Varela, 1994, S. 55ff.) . Es handelt sich also um eine andere Integration, nämlich um die prozesshafte Bewusstmachung und Bewusstseinserweiterung, um die Entdeckung der eigenen Kräfte, um die Anerkennung eigener Persönlichkeitscharakteristika und Ressourcen, um die Entwicklung und Aneignung neuer Kompetenzen, Fähigkeiten, Ressourcen und Verhaltensweisen und um ihre Verinnerlichung in der Persönlichkeit des Klienten; es geht letztlich darum, sie dem Klienten als Alternativen verfügbar zu machen, damit er sie bei konkreten Lebens-, Aufgaben- und Funktionssituationen verwenden kann – in einem fortlaufenden Lebensprozess, ohne Ende.

Sprache ist das A und O in Beratung und Coaching. Es waren Bandler und Grinder (1981, 1984), die uns im Bereich der Beratung und Therapie auf den Zusammenhang von Gehirn und Leib, Sprache, Bewusstsein und Handlung aufmerksam gemacht haben. Die Erfahrungen des Menschen im Laufe seines Lebens stehen in Verbindung mit Sprache. Sie werden auch in Sprache verinnerlicht und zugleich als Sprache zu Ausdruck und Repräsentation gebracht. Durch Sprache macht sich der Einzelne seine Vorstellungen von Welt, Menschheit, von anderen. Sprache ist Zugang zur Wirklichkeit, und zugleich gibt sie die eigene subjektive Wirklichkeit wieder. Dank der Sprache erbaut jeder seine Repräsentation der Welt, und dank der Sprache vermittelt er oder sie den anderen seine oder ihre eigene Welt, die Repräsentation einer Welt, »eine Landkarte oder ein Modell, welches wir für die Gestaltung unseres Verhaltens verwenden« (Bandler & Grinder 1981, S. 27). Sprache und Erfahrung, Erfahrung und Sprache bedingen sich gegenseitig und bestätigend. Doch Sprache besteht vor der Geburt des einzelnen Menschen – und wie wir aus dem Interaktionismus wissen, vermittelt die Gesellschaft durch Sprache Sinn und Bedeutung der Welt, der Natur, des Geistes, was den Menschen das Gefühl der Zugehörigkeit zu einem sozialen Gefüge ermöglicht – und erlaubt ihnen, durch Sprache die Welt zu verstehen und sie anderen zu vermitteln, das heißt teilzunehmen an gemeinsamen Deutungen und Bedeutungen der Welt. Gerade weil jeder Mensch durch Sprache (der Gesellschaft) die Welt erfährt und diese Erfahrung eben subjektiv wird, beinhaltet das Wort einmal etwas Gemeinsames und zugleich etwas Subjektives, dem Sprechenden exklusiv Eigenes. Damit wird Sprache einerseits zur »sozialen Kopplung« und andererseits zur sozialen »Entkopplung«, das heißt: Sprache beinhaltet auch eine individuelle Deutung und Bedeutung der Wirklichkeit, die eng mit der (gemachten) Erfahrung des Einzelnen einhergeht. Somit konnektiert der oder die Sprechende mit dem Zeitgeist, nämlich mit der allgemeinen Individualisierungstendenz in allen Bereichen des Lebens. Sprache ist mit einer doppelter Ambivalenz belastet, einerseits ist sie Repräsentation der Außenwelt, vermittelt durch die Gesellschaft, andererseits ist sie Wiedergabe der inneren Welt; Sprache ist gesellschaftlich und individuell zugleich. Darüber hinaus erfasst Sprache auch nicht die ganze äußere, viel weniger noch die ganze innere Wirklichkeit, insofern entdeckt sie und verheimlicht sie zugleich Wirklichkeit(en). Durch Sprache wird auch die enigmatische Landkarte des oder der Sprechenden entziffert. Sprache ist im Grunde genommen ein Gefängnis der Wirklichkeit, das es uns unmöglich macht, die Wirklichkeit anders zu sehen, wahrzunehmen, zu deuten usw.; zugleich können wir ohne Sprache weder die Wirklichkeit ganz erfassen noch sie benennen, es bleibt paradoxerweise nur der Ausweg, neue Worte, also Sprache zu erfinden. Damit wird Bewusstsein gleichermaßen erweitert, ein komplexer Prozess, der in Coaching und Beratung zu berücksichtigen ist.

Paradoxerweise liegt da die Stärke der verschiedenen Formen von Beratung, auch des Coachings, denn der Coach hat die Möglichkeit, durch seine (Sprach-)Intervention dem Ratsuchenden helfen, seine innere-äußere Welt zu erforschen, sie zu klären, seine Wahrnehmungen von sich und anderen zu revidieren, seine Kräfte, Fähigkeiten, Ressourcen usw. zu erweitern, sie zu ändern, in einem nicht endenden Prozess der Selbstentwicklung. Insofern ist es angebracht, sich als Beraterinnen und Berater bewusst zu werden, welcher Sprache man sich bedient. Thomas Stölzel (2014, S. 53) fasst ähnliche Überlegungen zusammen: »Auch wenn man als Therapeut, Berater, Coach oder Organisationsentwickler kein sonderlich entwickeltes oder gar literarisches Verhältnis zur Sprache besitzt, so ist man durch die – gewissermaßen sehr sprachgebundene – Tätigkeit, die man ausübt, kein marginaler, passiver Sprachbenutzer. Vieles findet mit, durch, anhand und über Sprache statt [...], so ist es zumindest im Dienst der Sache [...] geboten, sich und andere immer wieder zu fragen: wie reden wir – miteinander?« Sprache ist auch das Hauptinstrument der Beraterin, um beim zu Beratenden einzuwirken. Humberto Maturana (2002) hat uns vor einigen Jahren schon darauf aufmerksam gemacht: »Die Deutungen der Worte ändern bringt mit sich die Veränderung der Handlung, und diese bringt andere Form des Miteinanderlebens mit sich.« Sprache ist Teilnahme und Differenz zugleich.

Damit wird das Leben miteinander nicht unbedingt leichter, aber damit erfüllen Coaching und Beratung überhaupt den Auftrag, Situationen, Erlebnisse, Haltungen, Handlungen, die unbewusst fixiert (versteinert) sind im Leben miteinander, zum Guten zu wenden, was dies auch bedeuten mag, für die Einzelnen, Gruppen, Teams, gar für Organisationen.

Literatur

Bandler, Richard, & Grinder, John (1981). *Die Struktur der Magie I. Metasprache und Psychotherapie*. Paderborn: Junfermann.
Bandler, Richard, & Grinder, John (1984). *Die Struktur der Magie II. Kommunikation und Veränderung*. Paderborn: Junfermann.
Baumgart, Franzjörg (Hrsg.) (2000). *Theorien der Sozialisation. Erläuterungen – Texte – Arbeitsaufgaben*. Bad Heilbrunn: Klinkhardt.
Bauman, Zygmunt (2003). *Modernidad líquida*. Buenos Aires: Fondo de cultura económica [Originaltitel: Liquid Modernity].
Bauman, Zygmunt (2005). *Identidad*. Madrid: Losada.
Bauman, Zygmunt (2010). *El tiempo apremia. Conversaciones con Citlali Rovirosa-Madrazo*. Barcelona: Arcadia [Originaltitel: Living on borrowed time].
Beck, Ulrich (Hrsg.) (1997). *Kinder der Freiheit*. Frankfurt am Main: Suhrkamp.
Bolte, Karl M. (1997). »Subjektorientierte Soziologie« im Rahmen soziologischer Forschung – Versuch einer Verortung. In: G. Günter Voß & Hans J. Pongratz (Hrsg.), *Subjektorientierte Soziologie. Karl Martin Bolte zum siebzigsten Geburtstag* (S. 31–40). Opladen: Leske + Budrich.
Buber, Martin (1969). *Reden über Erziehung*. Heidelberg: Schneider [Erstausgabe: 1953].
Buber, Martin (1979). *Das dialogische Prinzip*. Heidelberg: Schneider.
Capra, Fritjof (1985). *Wendezeit. Bausteine für ein neues Weltbild*. Bern: Scherz.
Capra, Fritjof (1991). *Sabiduría insólita*. Barcelona: Kairós [Originaltitel: Uncommon wisdom].
Enomiya-Lassalle, Hugo M. (1981). *Wohin geht der Mensch?* Zürich: Benziger.

Freire, Paulo (1970). *Pedagogía del oprimido.* Buenos Aires: Siglo XXI.
Fromm, Erich (1971). *Die Furcht vor der Freiheit.* Frankfurt am Main: Europäische Verlagsanstalt.
Giddens, Anthony (1994). *Modernidad e identidad del yo. El yo y la sociedad en la época contemporánea.* Barcelona: Peninsula [Originaltitel: Modernity and Self-identity. Self and Society in the Late Modern Age].
Giddens, Anthony (1997). *Jenseits von Links und Rechts.* Frankfurt am Main: Suhrkamp.
Giddens, Anthony (2000). *Un mundo desbocado. Los efectos de la globalización en nuestras vidas.* Madrid: Taurus [Originaltitel: Runaway world].
Goleman, Daniel (2009). *Inteligencia ecológica.* Barcelona: Kairós [Originaltitel: Ecological Intelligence].
Habermas, Jürgen (1987). *Teoría de la acción comunicativa I. Racionalidad de la acción y racionalización social.* Madrid: Taurus [Originaltitel: Theorie des kommunikativen Handelns, Bd. 1].
Hallowell, Edward M. (2006). *Crazy Busy. Overstretched, overbooked, and about to Snap! Strategies for Handling Your Fast-Paced Life.* New York: Ballantine Books.
Hernandez Aristu, Jesus (1977). *Pädagogik des Seins. Paulo Freires praktische Theorie einer emanzipatorischen Erwachsenenbildung.* Lollar: Achenbach.
Hernandez Aristu, Jesus (1991). *Acción comunicativa e intervención social.* Madrid: Edit. Popular.
Hernandez Aristu, Jesus (2008). *The Philosophy of Dialogue as the Holistic Ethical Foundation in Assistance Careers.* In: Roland Brake & Ulrich Deller (Hrsg.), *Community Development – A European Challenge* (S. 298–313). Opladen: Barbara Budrich.
Hernandez Aristu, Jesus (201). *Soziologische Aspekte des Coaching als Beratungsform.* Vortrag am 3. Internationalen Coaching-Fachkongress, »Coaching meets Research … Coaching in der Gesellschaft von morgen«, 17./18. Juni 2014, Olten.
Instituto Europeo de Coaching (2015). *Experto en Coaching Nivel Oro.* http://www.institutoeuropeodecoaching.com/cursos-de-coaching/experto-en-coaching-nivel-oro/ [13.10.2015].
Madelung, Eva (1996). *Kurztherapien. Neue Wege zur Lebensgestaltung.* München: Kösel.
Maturana, Humberto R. (2002). *Emociones y lenguaje en educación y política.* Santiago de Chile: Dolmen.
Naranjo, Claudio (1993). *La agonía del Patriarcado.* Barcelona: Kairós.
Nelles, Wilfried (2009). *Das Leben hat keinen Rückwärtsgang. Die Evolution des Bewusstseins, spirituelles Wachstum und Familienstellen.* Köln: Innenwelt.
Reich, Wilhelm (1971). *Die sexuelle Revolution.* Frankfurt am Main: Fischer.
Richter, Horst-Eberhard (1974). *Lernziel Solidarität.* Reinbek bei Hamburg: Rowohlt.
Rogers, Carl R. (1978). *Die Kraft des Guten. Ein Appell zur Selbstverwirklichung.* München: Kindler.
Schreyögg, Astrid (1992). *Supervision. Ein Integratives Modell. Lehrbuch zu Theorie & Praxis.* Paderborn: Junfermann.
Sennett, Richard (2000). *La corrosión del carácter.* Barcelona: Anagrama [Originaltitel: The corrosion of character].
Serres, Michel (2013). *Erfindet euch neu! Eine Liebeserklärung an die vernetzte Generation.* Berlin: Suhrkamp.

Stölzel, Thomas (2015). *Die Welt erkunden. Sprache und Wahrnehmung in Therapie, Beratung und Coaching*. Göttingen: Vandenhoeck & Ruprecht.
Varela, Francisco J. (1994). *Ethisches Können*. Frankfurt am Main: Campus.
Voß, Günter, & Pongratz, Hans J. (Hrsg.) (1997). *Subjektorientierte Soziologie. Karl Martin Bolte zum siebzigsten Geburtstag*. Opladen: Leske + Budrich.
Wahl, Klaus (1989). *Die Modernisierungsfalle. Gesellschaft, Selbstbewusstsein und Gewalt*. Frankfurt am Main: Suhrkamp.
Watzlawick, Paul, Beavin, Janet H., & Jackson, Don D. (1969). *Menschliche Kommunikation: Formen, Störungen, Paradoxien*. Bern: Huber.
Wilber, Ken (1991). *Los tres ojos del conocimiento. La búsqueda de un nuevo paradigma*. Barcelona: Kairós [Originaltitel: Eye to eye].
Wilber, Ken (1997). *Sexo, ecología, espiritualidad. El alma de la evolución*. Madrid: Gaia [Originaltitel: Sex, ecology, spirituality: The spirit of evolution].

Über den Autor

Jesus Hernandez Aristu, Prof. Dr. Studium der Philosophie, Theologie, Lehramt in Pamplona, Spanien. Studium der Erziehungswissenschaft in Aachen, mit Soziologie und Psychologie, Erziehungswissenschaft, Soziologie und Sozialer Arbeit. Ausbildung als Psychotherapeut, Supervisor, Organisationsberater und Coach. Professor für Soziale Arbeit, Sozialdienste und Sozialpolitik. Bundesverdienstkreuz der Deutschen Bundesrepublik Deutschland 2012.
E-Mail: jesusharistu@gmail.com

Zeigt Führungskräfte-Coaching Wirkung? Und wenn ja, wie wirkt es?

Nadine Page und Erik de Haan[1]

Das Praxisfeld des Führungskräfte-Coachings ist in jüngster Zeit erheblich gewachsen. Der empirischen Forschung zufolge, welche die Wirksamkeit des Coachings von Führungskräften untersucht, aber mit den Entwicklungen auf diesem Gebiet kaum Schritt zu halten vermag, gibt es zahlreiche personenbezogene und organisationale Vorteile, sich auf eine solche Coaching-Beziehung einzulassen. Was allerdings eine wirksame Beziehung im Führungskräfte-Coaching ausmacht und in welcher Weise sich in dieser Hinsicht für alle an einem Coaching beteiligten Parteien – Klient, Coach und kostentragende Organisation – Unterschiede zeigen, bleibt aus Sicht der Forschung weiterhin unklar. Dieser Beitrag gibt einen kurzen Überblick über das Gebiet des Executive Coaching und fasst die bisher von

---

[1] Der Text erschien im Original unter dem Titel »Does executive coaching work? ... and if so, how?« im August 2014 in der Zeitschrift *The Psychologist, 27*(8), 582–586. Die Übersetzung aus dem Englischen besorgte Antje Becker.

Dr. Nadine Page (✉)
Ashridge Executive Education at Hult International Business School Ashridge House,
Hertfordshire, United Kingdom
E-Mail: nadine.page@ashridge.hult.edu

Dr. Erik de Haan
Ashridge Executive Education at Hult International Business School Ashridge House,
Hertfordshire, United Kingdom
E-Mail: erik.dehaan@ashridge.hult.edu

der empirischen Forschung ermittelten aktiven Elemente eines wirksamen Coachings zusammen.

Führungskräfte-Coaching ist eine Form organisationalen Lernens durch Einzelgespräche, welche die Weiterentwicklung einer Führungsperson fördern. Es kann in verschiedener Weise eingesetzt werden, zum Beispiel um aus einer Sackgasse herauszufinden, Hemmnisse zu beseitigen oder Stärken auszubauen. Zweifellos wird ein großer Rummel um das Coaching gemacht, und die Menschen fragen sich, warum. Warum gibt es so viele Bücher, so viele Seminare, ja sogar Masterstudiengänge zum Coaching von Führungskräften? Warum wollen so viele Berater und Therapeuten Coachs werden? Warum gibt es eine Berufszulassung im Coaching, internationale Stiftungen und Tagungen?

Der erste Grund ist vermutlich der maßgeblichste: Im Verlauf der vergangenen etwa fünfzehn Jahre hat sich die Haltung gegenüber Coaching grundlegend geändert. In der Vergangenheit wurde es als Abhilfemaßnahme betrachtet: Wenn man das Wort »Coaching« hörte, nahm man an, dass es ein Problem gab. Heute hat sich Coaching gewandelt und gilt nicht mehr als stigmatisierend, sondern verleiht Ansehen: Coaching ist zu einem Indiz dafür geworden, dass man vom eigenen Unternehmen als investitionswürdig eingestuft wird. Zudem gehen wir davon aus, dass hier noch eine andere Entwicklung eine Rolle spielt, die in vielen Unternehmenskulturen stattgefunden hat – die Menschen gestehen sich selbst und anderen gegenüber bereitwilliger ein, dass sie die Hilfe von Experten benötigen, um sich selbst zu verstehen und um in ihrem Arbeitsumfeld zu wachsen und sich weiterzuentwickeln. Leitende Führungskräfte bekennen sich heute häufig dazu, dass sie gecoacht werden, dass sie das als Führungsperson prägt und dass es Einfluss auf ihr Wertesystem hat, auf ihren Umgang mit anderen Menschen oder die Einstellung zu ihrer Arbeit. Coaching wird zunehmend als etwas gesehen, worauf man stolz ist, da es emotionale Intelligenz und Erkenntnis beweist.

Als zweite Tendenz haben Coachs heutzutage viel weniger Interesse daran, sich dogmatisch auf den einen oder anderen Standpunkt festzulegen. Sie wollen einfach das einsetzen, was funktioniert, und machen hierfür Anleihen bei unterschiedlichen Methoden wie beispielsweise beim Sportcoaching. Sie stellen sich die Frage, was bei dieser bestimmten Person zu diesem bestimmten Zeitpunkt bei dieser bestimmten Frage Erfolg haben wird.

Drittens wird der Berufsstand der Coachs weltweit professioneller, ausgereifter und stärker reguliert. Laut der Global Coaching Study 2012 der International Coaching Federation wurde die Zahl der professionellen Coachs im fraglichen Jahr auf weltweit 47 500 geschätzt, mit steigender Tendenz. Auch in Unternehmen verbreitet sich das Coaching weiter. Das Chartered Institute of Personnel Development im Vereinigten Königreich berichtete 2004, dass 64 Prozent der befragten

Unternehmen auf externe Coachs zurückgriffen. 92 Prozent der Umfrageteilnehmer beurteilten Coaching als »wirksam« oder »sehr wirksam«, und 96 Prozent meldeten zurück, dass das Coaching eine effektive Möglichkeit sei, das Lernen in Organisationen zu fördern (Jarvis, 2004). Im gleichen Jahr berichtete die *Harvard Business Review*, dass im Unternehmenscoaching – Mentoring eingeschlossen – in den USA eine Milliarde Dollar und weltweit zwei Milliarden Dollar umgesetzt wurden (Sherman & Freas, 2004).

Trotz der zunehmenden Verbreitung bleibt der Berufsstand des Coachs in Bewegung und steht erst am Beginn einer Regulierung. Bei den Fachleuten, die für sich beanspruchen, Coaching zu praktizieren, ist die Bandbreite beträchtlich, dasselbe gilt für die Gebiete, in denen Coaching-Interventionen geleistet werden (Bono et al., 2009). Die einzelnen Coachs haben einen sehr unterschiedlichen Werdegang, sie kommen zum Beispiel aus der klinischen und der Arbeits-Psychologie, der Geschäftsleitung, der Organisationsentwicklung oder der Beratung. Sie bringen weit auseinanderliegende Einflüsse mit wie das Grow-Modell, die lösungsorientierte Kurzzeittherapie, Positive Psychologie oder die personenzentrierte Beratung (de Haan & Burger, 2005). Fachleute schneiden ihr Coaching daher auf ihren persönlichen Hintergrund, ihre theoretische Ausrichtung und ihre Interessen sowie auf die Bedürfnisse und Interessen des einzelnen Klienten oder »Coachee« zu.

Mit dem Zusammenstreichen von Ausbildungsbudgets und einer größeren Variabilität, Sichtbarkeit und Kontrolle im Berufsstand der Coachs insgesamt ist es entscheidend, die aktiven Elemente effektiver Coaching-Beziehungen und ihre Auswirkungen – sofern vorhanden – auf die Ergebnisse zu betrachten. Bislang sind zu wenige ernsthafte Versuche unternommen worden, solche aktiven Elemente von Coaching-Praktiken in reliabler und validierter Form zu erforschen (wie Grant et al., 2010, anmerken). Das liegt wohl auch daran, dass es keine zentrale Leistungsverrechnung für diesen Berufszweig gibt, finanzielle Mittel für die Forschung fehlen sowie von Coaching-Klienten wenig Druck ausgeübt und selten gefordert wird, fundierte Ergebnisforschung zu betreiben. Coachs, die sich mit Forschung beschäftigen, machen dies häufig aus individueller Neugier und persönlichem Interesse heraus. Aus diesem Grund gibt es sehr wenige belastbare quantitative und objektive Untersuchungen zu wirksamem Coaching. Keine von ihnen genügt wohl den Maßstäben großer randomisierter Kontrollgruppenstudien, wie sie in anderen Fachrichtungen wie der Medizin oder der Psychotherapie durchgeführt werden (vgl. Wampold, 2001).

Sicherlich ist es eine große und aufwendige Verpflichtung, eine fundierte Ergebnisstudie durchzuführen, und es ist richtig, dass Coachs zuerst die Bedürfnisse ihrer Klienten und ihre eigene Coaching-Verpflichtung erfüllen wollen, anstatt sich – aus der Distanz – mit ihrer eigenen Erfolgswirksamkeit zu befassen. Für die

Praxis ist es jedoch ebenso wichtig und notwendig, auf der Grundlage echter wissenschaftlicher Beweise ein besseres Verständnis der Coaching-Ergebnisse insgesamt zu entwickeln anstatt auf der Basis von Vermutungen. Wenn das vernachlässigt wird, dann wird der Berufsstand anfällig für Kritik und für Risiken wie Fehleinschätzungen der Situation, Verschlechterung des Status quo oder Machtmissbrauch durch den Coach (Berglas, 2002).

Doch auch wenn wir uns auf diese Selbstverpflichtung zu fundierter Forschung über die Wirksamkeit von Coaching einlassen – welche Fragen stellen wir? Denken Sie über Fragen nach wie beispielsweise:»Was ist wirksames Coaching?«»Wirkt unser Coaching, das heißt, lässt sich zeigen, dass es effektiv ist?«»Hilft es den Klienten bei ihren entscheidenden Zielsetzungen?«»Was sind die aktiven Elemente?«»Unter welchen Bedingungen wirken sie am besten?« Das, was als Ergebnis gemessen wird, kann in signifikant variablem Ausmaß operationalisiert werden, und es kann in hohem Maße subjektiv sein, was als »gut« oder effektiv angesehen wird. Zudem haben es unserer Ansicht nach die Heterogenität der Probleme, die im Fokus von Coaching stehen können, sowie das schnelle Wachstum und die Diversifizierung des Berufsstands insgesamt erschwert, dass sich eine objektive, ergebnisorientierte Beweisgrundlage zu wirksamem Coaching herausbildet. Die empirische Forschung hat Mühe, mit den Entwicklungen in der Coaching-Praxis Schritt zu halten.

In diesem Artikel versuchen wir genau das – die Frage zu beantworten, ob Coaching wirkt, und die möglichen Indikatoren für die Effektivität von Coaching zu definieren. Wir zielen im Anschluss darauf ab, die »aktiven Elemente« eines wirksamen Coachings zu charakterisieren und zu untersuchen, wie jedes einzelne dieser Elemente nachweislich entscheidend für den Erfolg von Beziehungen im Führungskräfte-Coaching ist. Einige der Faktoren, die wir beschreiben, werden von unserer eigenen empirischen Forschung gestützt, der bislang größten quantitativen Studie zur Wirksamkeit von Coaching.

Um diese Coaching-Faktoren lebendig werden zu lassen, stellen wir ein Fallbeispiel vor, das veranschaulicht, wie einige der aktiven Bestandteile effektiven Coachings in der Praxis während eines Coaching-Gesprächs funktionieren.

1 Was können wir von der Forschung zum Coaching von Führungskräften erwarten?

Ergebnisstudien über das Coaching von Führungskräften verfolgen meist einen qualitativen Ansatz; eine qualifizierte quantitative Forschung gibt es in diesem Bereich bis anhin kaum (Jones, Woods & Guillaume 2014; Theeboom, Beersma &

van Vianen, 2014). Einzeluntersuchungen zur Wirksamkeit von Coaching werden häufig von Organisationen in Auftrag gegeben oder sind Teil von Programmen zur Führungskräfteentwicklung oder zu organisationalem Wandel. Die gesammelten Daten stammen oft von kleineren, ausgewählten und potenziell homogenen Teilnehmergruppen. Das macht es sehr schwer, auf der Grundlage von studienübergreifenden Vergleichen tragfähige Schlüsse zu ziehen.

Die bisherige quantitative Ergebnisforschung zum Coaching von Führungskräften lässt sich in zwei Hauptgruppen teilen: Die eine bezieht eine Kontrollgruppe mit ein und die andere nicht (vgl. für eine Rückblick de Haan & Duckworth, 2013). Die Studien ohne Kontrollgruppe haben – unter Verwendung von Multi-Source-Ratings aufgrund von Selbsteinschätzungen von Managern und Coachs – gezeigt, dass Führungskräfte-Coaching in der Tat Wirkung zeigt (Peterson, 1993), selbst wenn die Ergebnisse anhand von mehreren unterschiedlichen Verhaltensindikatoren gemessen werden, etwa Produktivität (Bowles et al., 2007; Olivero, Bane & Kopelman, 1997), Führungswirksamkeit (Thach, 2002) und in Sitzung beobachtetes sowie vom Coach bewertetes Führungsverhalten (Perkins, 2009).

Wenn das Design eine Kontrollgruppe vorsieht (z. B. Evers, Brouwers & Tomic, 2006; Smither et al., 2003; Sue-Chan & Latham, 2004), erfolgt dies häufig aufgrund bestimmter Umstände und nicht durch einen wirklich randomisierten Prozess. Durch die Einbeziehung einer Kontrollgruppe wird es möglich, die Wirksamkeitsmerkmale systematischer zu ermitteln und zu vergleichen. Smither et al. (2003) führten eine der bislang größten Wirkungsstudien über das Coaching von Führungskräften durch. Über einen Zeitraum von zwei aufeinanderfolgenden Jahren wurden 1202 leitende Führungskräfte beurteilt. Die Ergebnisse zeigten, dass das Multi-Source-Feedback von Supervisoren, Kollegen und Mitarbeitern der Klienten sowie Beurteilungen von unabhängigen Forschern für die Manager, die mit einem Coach zusammenarbeiteten, insgesamt positiver ausfiel. Konkrete Fortschritte wurden etwa beim Setzen von Zielen, beim Einholen von Verbesserungsideen und bei der Beurteilung in direkten Berichten und von Vorgesetzten festgestellt.

In den vergangenen zehn Jahren gab es indessen auch eine kleine Anzahl von randomisierten, kontrollierten Studien. Sie waren jedoch allgemein von geringerem Umfang und bezogen sich vorwiegend auf Selbstbeurteilung statt auf unabhängige Ergebnismessungen. Grant, Curtayne und Burton (2009) haben festgestellt, dass das Coaching von Führungskräften bei Managern im Gesundheitswesen – im Vergleich zu einer Wartelisten-Kontrollgruppe – die Zielerreichung, die Resilienz und das Wohlbefinden am Arbeitsplatz signifikant verbesserte sowie Depressionen und Stress reduzierte. Ähnliche Ergebnismuster fanden sich auch bei Highschool-Lehrern, die ein berufsbezogenes Coaching erhielten, im Vergleich zu einer randomisierten Wartelisten-Kontrollgruppe (Grant, Green & Rynsaardt 2010). Einige dieser Untersuchungsergebnisse sind stichhaltig, sie könnten jedoch von Verzerrungen durch gleiche Quellen oder Methoden beeinflusst sein (vgl. Grant et al., 2010).

Über die allgemeine Effektivität des Coachings von Führungskräften ist auch in zwei jüngeren Metaanalysen berichtet worden. Theeboom, Beersma und van Vianen (2014) haben festgestellt, dass das Coaching von Führungskräften auf individueller Ebene moderate positive Auswirkungen auf die Leistung und Kompetenzen, das Wohlbefinden, das Coping, die Arbeitseinstellungen und die zielgerichtete Selbstregulierung hat. Sie kommen zum Schluss, dass Coaching eine wirksame Intervention in Organisationen ist. Jones, Woods und Guillaume (2014) berichten weiter, dass das Führungskräfte-Coaching im Vergleich zu anderen gängigen Mitteln der beruflichen Weiterentwicklung auch größere Auswirkungen auf die Leistung hat.

Was also können wir aus dieser Forschungslage schließen? Erstens, dass sich die Ergebnisforschung im Coaching in Entwicklung befindet, dass aber der Heilige Gral des Führungskräfte-Coachings – der Wirksamkeitsnachweis durch eine kontrollierte, randomisierte Studie mit multiplen, objektiven Verhaltens- und Leistungsergebnismessungen – noch gefunden werden muss (siehe de Haan & Duckworth, 2013, für einen Überblick). Zweitens, dass in der Coaching-Forschung kein allgemeingültiger Forschungsstandard existiert, vergleichbar mit den randomisierten kontrollierten Studien, die in der psychotherapeutischen Ergebnisforschung eingesetzt werden (vgl. Wampold, 2001). Drittens, dass es ein hohes Maß an Variabilität in den Forschungsdesigns gibt, die selbst das Ergebnis beeinflussen können. Und viertens, dass bei Selbstberichtsdaten die Effektstärke erheblich größer ausfällt.

Insgesamt liefert die Ergebnisforschung Hinweise darauf, dass das Coaching von Führungskräften eine effektive Intervention ist. Sie bestimmt allerdings nicht abschließend die Faktoren, die zur Wirksamkeit beitragen.

2 Aktive Elemente

Die Forschung geht derzeit zunehmend von der *Annahme* allgemeiner Wirksamkeit von Coaching aus und vergleicht dann die Bedingungen, um zu ermitteln, im welchem Ausmaß verschiedene Aspekte der Coaching-Beziehung, zum Beispiel der Coach oder der Klient, Einfluss auf die Ergebnisse haben. Wenn man die Annahme allgemeiner Wirksamkeit übernimmt, können die experimentellen Bedingungen dieser Art Forschung deutlich weniger streng sein. Erstens ist es nicht notwendig, randomisierte Kontrollgruppen einzusetzen, da bereits verschiedene Bedingungen geeignete Vergleichsstichproben innerhalb der Studie erzeugen. Zweitens ist es möglich, Selbstberichte zu verwenden, denn in der Psychotherapie haben Studien, die Selbstberichtsdaten in realistischen Settings verwenden, immer wieder die Ergebnisse von strengeren Studien unter randomisierten, kontrollierten Bedingungen bestätigt (Shadish et al., 2000; Stiles et al., 2008). Selbstberichte tendieren jedoch dazu, eine reaktivere abhängige Variable zu sein, und können Effekte durchaus überschätzen. Das muss in der zukünftigen Coaching-Forschung berücksichtigt werden.

Die Studien, die untersucht haben, welche Coaching-Faktoren wirksam sind, haben die Persönlichkeitsprofile sowohl des Coachs als auch des Klienten einbezogen sowie die Selbstwirksamkeit des Klienten, die Stärke der Coaching-Beziehung und die Art der Coaching-Intervention. Im Folgenden behandeln wir kurz die empirische Forschung zu diesen Faktoren.

3 Persönlichkeit

Die Persönlichkeit hat einen signifikanten Einfluss auf die Effektivität des Coachings. Stewart et al. (2008) haben untersucht, wie die Persönlichkeit und die Selbstwirksamkeit des Klienten das Ergebnis beeinflussen. Hierbei haben sie bei 110 Coaching-Klienten die »Big Five«, also die fünf grundlegenden Persönlichkeitsmerkmale (Digman, 1990), sowie die allgemeine Selbstwirksamkeit (Schwarzer, Mueller & Greenglass, 1999) gemessen und mit dem Ergebnis korreliert. Sie stellten moderate und positive Effekte bei Gewissenhaftigkeit, Offenheit, emotionaler Stabilität und allgemeiner Selbstwirksamkeit fest. In Anbetracht des Studiendesigns wiesen sie auch darauf hin, dass andere Faktoren ebenfalls eine Rolle spielen könnten.

Scoular und Linley (2006) haben ferner untersucht, in welcher Weise (a) (Un-)Ähnlichkeiten zwischen den Persönlichkeiten von Coach und Klient nach dem Myer-Briggs-Typenindikator (*Myer-Briggs Type Inventory,* MBTI: vgl. Myers et al., 1998) sowie (b) eine »Zielsetzungsintervention« am Beginn der Coaching-Konversation die empfundene Effektivität beeinflussten. Sie stellten signifikant höhere Ergebniswerte fest, wenn die MBTI-Profile von Coach und Klient weniger Übereinstimmungen aufwiesen. Die Zielsetzung hatte keine Auswirkung.

4 Beziehung

In einer Studie mit dreißig betriebsinternen Coach-Klient-Paaren haben Baron und Morin (2012) festgestellt, dass die Coaching-Beziehung – gemessen über Bewertungen der Klienten mithilfe des *Working Alliance Inventory* (Horvath & Greenberg, 1986), eines bei Coaching-Beziehungen häufig verwendeten Messinstruments – das Coaching-Ergebnis für die Selbstwirksamkeit des Klienten prognostizierte. Die Bewertungen der Coachs zur Arbeitsbeziehung waren kein signifikanter Prädiktor. Es ist darauf hingewiesen worden, dass sich die Beziehung zwischen Klient und Coach auf andere Abhängigkeiten auswirkt. Boyce, Jackson und Neal (2010) haben festgestellt, dass Variablen wie die Glaubwürdigkeit des Coachs oder die Kompatibilität von Klient und Coach einen positiven Einfluss auf das Coaching haben, insofern, als sie die Entstehung der Coaching-Beziehung fördern.

5 Form der Intervention

Die Forschung deutet darauf hin, dass die Wirksamkeit von Coaching nicht eine Funktion bestimmter Coaching-Techniken oder -Interventionen ist, sondern sich vielmehr an Faktoren knüpft, die allen Coaching-Interventionen gemein sind, beispielsweise die Qualität der Coaching-Beziehung, empathisches Verständnis und positive Erwartungen (de Haan, Culpin & Curd, 2011). In diesem Zusammenhang habe de Haan et al. (2013) festgestellt, dass die Beziehung zwischen Klient und Coach der Schlüsselfaktor dazu ist, wie der Klient das Coaching-Ergebnis wahrnimmt – sie wirkt sich auf den Einfluss der Selbstwirksamkeit und die Bandbreite der Coaching-Techniken aus.

6 Wozu diese aktiven Bestandteile?

Angesichts der Tatsache, dass die Befunde größtenteils dem Blickwinkel des Klienten entstammen und häufig nicht alle am Coaching-Verlauf Beteiligten zu Wort kommen lassen, gibt es offensichtlichen Bedarf an weiterer Forschung. Das Coaching von Führungskräften ist schließlich eine organisationale Intervention und sollte daher einen messbaren und positiven Effekt über den direkten Coaching-Klienten hinaus haben. Die uns vorliegenden Befunde deuten zwar darauf hin, dass die Demografie von Klient und Coach sowie die Selbstwirksamkeit einen gewissen Einfluss haben, entscheidend ist jedoch die Beziehung, die zwischen dem Klienten und dem Coach entsteht. Sie hat den größten Einfluss auf das Coaching-Ergebnis.

Diese Schlussfolgerung wird von unserer eigenen empirischen Forschung gestützt, die wir für die bisher größte internationale Ergebnisforschung zu Coaching halten (vgl. de Haan & Page, 2013a, 2013b). Die teilnehmenden Klient-Coach-Paare wurden zunächst über unsere eigenen Netzwerke erfahrener und qualifizierter Führungskräfte-Coachs ausgewählt. Jeder Coach füllte online einen »Coach-Fragebogen« aus und bat seine Klienten, online einen »Klienten-Fragebogen« zu beantworten. Die Klienten wiederum baten gegebenenfalls ihren organisationalen Kostenträger, einen entsprechenden »Kostenträger-Fragebogen« auszufüllen. Dabei gingen wir nach dem Schneeballprinzip vor.

Die Studienergebnisse ließen deutlich erkennen, dass die Coaching-Beziehung, wie sie von Klient und Coach bewertet wird, zu einem beträchtlichen Grad mit dem von Klient und Coach bewerteten Ergebnis korreliert (r lag zwischen .43 und .56 bei den Coachs und zwischen .46 und .55 bei den Klienten). Im Gegensatz zu einigen früheren Studien (z. B. Scoular & Linley, 2006) haben wir wenig Anhaltspunkte für den jeweiligen Einfluss der Persönlichkeit der Klienten, der des Coachs oder des Matchings zwischen den Persönlichkeiten von Klient und Coach gefunden. Ein wichtiger Unterschied unserer Forschung zu einigen früheren Publikationen ist, dass unsere signifikanten Ergebnisse von Prädiktorvariablen herrühren, die sowohl von den Klienten als auch von den Coachs bewertet wurden. Das bedeutet, dass die Ergebnisse weniger anfällig auf eine Methodenverzerrung sind (Meade, Watson & Kroustalis, 2007). Wir haben bei Klient und Coach einen signifikanten Übereinstimmungsgrad in der wahrgenommenen Effektivität des Coachings festgestellt.

7 Wie kann nun jedes dieser »aktiven Elemente« in realen Coaching-Gesprächen angewendet werden?

Die Stärke der Coaching-Beziehung oder therapeutischen Allianz zwischen Klient und Coach ist der stärkste Prädiktor für Coaching-Ergebnisse. Es ist also entscheidend, Zeit für den Aufbau einer stabilen Beziehung zu einem Klienten aufzuwenden, wenn Coaching erfolgreich und wirksam sein soll, und so wird es von Coach und Klient gleichermaßen empfunden. Unsere Studie deutet insbesondere darauf hin, dass es wichtig ist, einen auf die Aufgabe fokussierten Bezug mit klaren und erreichbaren Zielen aufzubauen, da dies noch besser zu guten Resultaten führt als eine bloße Konzentration auf die Entwicklung einer engen Beziehung oder Bindung. Auf praktischer Ebene bedeutet dies, dass es für Coachs wichtig ist, im Tandem aufgaben- oder zielorientiert mit ihren Klienten zu arbeiten. Das gibt dem Coaching-Gespräch eine klare, handlungsorientierte Richtung und erleichtert die Stärkung der Beziehung zwischen den beiden Parteien.

Ein weiterer wichtiger Prädiktor für wirksames Coaching ist, in welchem Ausmaß die Klienten sich selbst motivieren, ihre Selbstwirksamkeit oder, wenn man so will, ihre Ich-Stärke oder ihr Selbstvertrauen stärken können. Wenn diese Erkenntnis in einen Zusammenhang mit der ersten gesetzt wird (zur Bedeutung einer stabilen Coaching-Beziehung), könnte dies darauf hindeuten, dass eine gut funktionierende Coaching-Beziehung auch dabei helfen kann, die Selbstmotivation des Klienten anzustoßen und über die Zeit hinweg aufrechtzuerhalten. Gesetzte Ziele zu verwirklichen, könnte zweifellos langfristig die Ich-Stärke erhöhen und die Eigendynamik unterstützen. Dies wiederum könnte sich direkt auf die persönliche und berufliche Weiterentwicklung auswirken.

Der Einfluss der Persönlichkeitsstruktur auf die Effektivität von Coaching hat viel weniger Gewicht als erwartet und als bisherige Untersuchungen angeben. Zudem scheint das Matching auf der Basis von Persönlichkeitspräferenzen keine deutliche Verbesserung der Wirksamkeit von Coaching zu bewirken. Unserer Ansicht nach ist es unter Umständen wichtiger, sich bei der Auswahl des Coachs auf Qualifikationen, Akkreditierung und Supervisionserfahrung zu konzentrieren anstatt auf das Matching von Klient und Coach.

Unser letzter Punkt führt uns zurück zur Bedeutung der Coaching-Beziehung. Wir haben festgestellt, dass eine effektive Coaching-Beziehung in den Augen aller am Coaching-Prozess Beteiligten reale und beobachtbare Auswirkungen hat. Es gibt tatsächlich eine Übereinstimmung zwischen den vom Klienten, Coach und Kostenträger berichteten Ergebnissen, was nahelegt, dass sie in dem Verfahren jeweils ähnliche Vorteile sehen. Dieser Befund unterstreicht den Wert des Führungskräfte-Coachings als hoch wirksame Entwicklungsmaßnahme.

8 Wie sieht wirksames Coaching in der Praxis aus?

Zum Abschluss möchten wir eine Fallstudie vorstellen, die einige der »aktiven Elemente« effektiven Coachings greifbar macht. Als Teil unserer Studie boten wir den teilnehmenden Coachs einen vertraulichen und anonymen Einblick in ihre eigene Wirksamkeit als Coach. Eines dieser Gespräche fand mit einem Coach mit nur geringfügig unterdurchschnittlichen Effektivitätswerten statt. Seine Werte bei der Beziehung, insbesondere für die Dimension der Verbundenheit, waren jedoch erheblich niedriger und lagen fast 50 Prozent unterhalb des Durchschnitts. Dieses Muster traf auf alle seine Klienten zu. Bei weiteren Nachfragen stellte sich heraus, dass sich dieser Coach vorwiegend mit der Beseitigung von Störungen befasst.

Anders ausgedrückt: Er arbeitete mit leitenden Führungskräften, die eine letzte Chance bekamen, ihre Stelle zu behalten. Hierzu mussten sie Sitzungen bei ihm wahrnehmen und zeigen, dass sie sich verbessern konnten.

Die Arbeitsweise dieses Coachs und der Ton, in dem er seinen Klienten eine direkte Rückmeldung zu ihrer Leistung gab, waren hart und drastisch. Es war beinahe erstaunlich, dass sich seine Effektivitätswerte trotz allem um den Durchschnitt herum bewegten. Das lässt sich vermutlich am besten mit dem Umstand erklären, dass viele seiner Klienten es tatsächlich schaffen, ihre Stelle durch die produktive Arbeit mit diesem Coach zu behalten.

Das restliche Gespräch drehte sich um die Frage, ob es möglich sei, Klienten zu coachen, die derart mit dem Rücken an der Wand stehen, und zugleich die Verbindung aufrechtzuerhalten oder zu stärken. Anders gesagt: Wäre es dem Coach möglich, das gleiche Feedback in einer Art und Weise zu geben, die die Beziehung tatsächlich stärkt? Der Coach könnte beispielsweise gleichzeitig Herzlichkeit oder Empathie zeigen. Oder er könnte dem Klienten nachdrücklich versichern, dass er als Coach wirklich auf der Seite des Klienten steht und nur versucht, ihm auch unter schwierigen Bedingungen dabei zu helfen, zu lernen und zu wachsen.

Genau das haben diese und ähnliche Studien gezeigt. Der beste Prädiktor für die Wirksamkeit der Coaching-Beziehung – auch im objektiven Sinne – ist, für wie stark der Klient sie hält. Darüber hinaus ist es auch ein guter Prädiktor für das Coaching-Ergebnis, wie der Coach selbst die Stärke der Beziehung beurteilt. Wir können die drei Merkmale der Messung des »Arbeitsbündnisses« wie folgt in aller Kürze zusammenfassen:

Im Coaching zahlt es sich aus, wenn wir die Beziehung so stark wie möglich machen, indem wir zu einem Einvernehmen hinsichtlich unserer Arbeitsweise und der zu erreichenden Ziele gelangen und indem wir die Verbindung zum Klienten so weit wie möglich stärken – damit es zwischen den beiden »klick« macht und die Chemie stimmt.

Abschließend hoffen wir, dass dieser Beitrag einen Einblick in den gegenwärtigen Stand des Coachings und insbesondere in den Berufszweig des Führungskräfte-Coachings gewährt. Unser Ziel war es, das Neueste aus der Ergebnisforschung zu Coaching, einschließlich unserer eigenen jüngsten Studie, zusammenzufassen, die sich hin zu einer beweiskräftigeren Evidenzbasis für die Effektivität von Coaching bewegt. Hierbei haben wir Belege für die zentrale Bedeutung der Qualität der Arbeitsbeziehung, wie sie vom Standpunkt sowohl des Klienten als auch des Coachs gesehen wird, sowie für die Bedeutung der allgemeinen Selbstwirksamkeit des in die Coaching-Beziehung eintretenden Klienten gefunden. Auch haben wir darauf hingewiesen, dass Persönlichkeitsfaktoren und Persönlichkeitsmatching als Prädiktoren für den Erfolg von Führungskräfte-Coaching wahrscheinlich eine geringere Rolle spielen. Das sind Ergebnisse von großer Bedeutung, die – so hoffen wir – den Berufsstand und die Entscheidungen, die bei der Einstellung, dem Entwicklungsprozess, dem Personaleinsatz und dem Matching von Führungskräfte-Coachs getroffen werden, sowie das Berufsfeld von Coaching insgesamt weiterbringen können.

Literatur

Baron, Louis, & Morin, Lucie (2012). The working alliance in executive coaching: Its impact on outcomes and how coaches can influence it. In: Erik de Haan & Charlotte Sills (Hrsg.), *Coaching relationships. The relational coaching field book* (S. 213–226). Faringdon: Libri.

Berglas, Steven (2002). The very real dangers of executive coaching. *Harvard Business Review, 80*(6), 86–92.

Bono, Joyce E., Purvanova, Radostina K., Towler, Annette J., & Peterson, David B. (2009). A survey of executive coaching. *Personnel Psychology, 62*(2), 361–404.

Bowles, Stephen V., Cunningham, Christopher J .L., De La Rosa, Gabriel M., & Picano, James J. (2007). Coaching leaders in middle and executive management: Goals, performance, buy-in. *Leadership & Organization Development Journal, 28*(5), 388–408.

Boyce, Lisa A., Jackson, R. Jeffrey, & Neal, Laura J. (2010). Building successful leadership coaching relationships: Examining impact of matching criteria in a leadership coaching program. *Journal of Management Development, 29*(10), 914–931.

Digman, John M. (1990). Personality structure: Emergence of the Five Factor Model. *Annual Review of Psychology, 41*, 417–440.

Evers, Will J. G., Brouwers, André, & Tomic, Welko (2006). A quasi-experimental study on management coaching effectiveness. *Consulting Psychology Journal: Practice and Research, 58*(3), 174–182.

Grant, Anthony M., Curtayne, Linley, & Burton, Geraldine (2009). Executive coaching enhances goal attainment, resilience and workplace well-being: A randomised controlled study. *Journal of Positive Psychology, 4*(5), 396–407.

Grant, Anthony M., Green, L. Suzy, & Rynsaardt, Josephine (2010). Developmental coaching for high school teachers: Executive coaching goes to school. *Consulting Psychology Journal: Practice and Research 62*(3), 151–168.

Grant, Anthony M., Passmore, Jonathan, Cavanagh, Michael J., & Parker, Helen M. (2010). The state of play in coaching. *International Review of Industrial & Organizational Psychology, 25*, 125–168.

Haan, Erik de (2008). *Relational Coaching – Journeys towards Mastering One-to-One Learning*. Chichester: Wiley.

Haan, Erik de, & Burger, Yvonne (2005). *Coaching with Colleagues: An Action Guide for One-to-One Learning*. Basingstoke: Palgrave Macmillan.

Haan, Erik de, Culpin, Vicki, & Curd, Judy (2011). Executive coaching in practice: What determines helpfulness for clients of coaching? *Personnel Review, 40*(1), 24–44.

Haan, Erik de, & Duckworth, Anna (2013). Signalling a new trend in coaching outcome research. *International Coaching Psychology Review, 8*(1), 6–20.

Haan, Erik de, Duckworth, Anna, Birch, David, & Jones, Claire (2013). Executive coaching outcome research: The contribution of common factors such as relationship, personality match, and self-efficacy. *Consulting Psychology Journal: Practice and Research*, 65(1), 40–57.
Haan, Erik de, & Page, Nadine (2013a). Outcome report: Conversations are key to results. *Coaching at Work*, 8(4), 10–13.
Haan, Erik de, & Page, Nadine (2013b). Making it count. *Training Journal*, August, 66–69.
Horvath, Adam O., & Greenberg, L. (1986). The development of the Working Alliance Inventory. In: Leslie S. Greenberg & Wiliam M. Pinsof (Hrsg.), *Psychotherapeutic Processes: A Research Handbook* (S. 529–556). New York: Guilford.
Jarvis, Jessica (2004). *Coaching and Buying Coaching Services*. London: CIPD.
Jones, Rebecca J., Woods, Stephen A., & Guillaume, Yves (2014). *A meta-analysis of the effectiveness of executive coaching at improving work-based performance and moderators of coaching effectiveness*. Vortrag gehalten an der British Psychological Society Division of Occupational Psychology Annual Conference, Brighton.
Meade, Adam W., Watson, Aaron M., & Kroustalis, Christina M. (2007). *Assessing common methods bias in organizational research*. Vortrag gehalten am 22. Annual Meeting der Society for Industrial and Organizational Psychology, New York.
Myers, Isabel Briggs, McCaulley, Mary H., Quenk, Naomi L., & Hammer, Allen L. (1998). *MBTI Manual*. Palo Alto, CA: Consulting Psychologist Press.
Olivero, Gerald, Bane, K. Denise, & Kopelman, Richard E. (1997). Executive coaching as a transfer of training tool: Effects on productivity in a public agency. *Public Personnel Management*, 26(4), 461–469.
Perkins, Robert D. (2009). How executive coaching can change leader behaviour and improve meeting effectiveness: An exploratory study. *Consulting Psychology Journal: Practice and Research*, 61(4), 298–318.
Peterson, David B. (1993). *Measuring change: A psychometric approach to evaluating individual coaching outcomes*. Vortrag gehalten am 8. Annual Meeting of the Society for Industrial and Organizational Psychology, San Francisco.
Schwarzer, Ralf, Mueller, John, & Greenglass, Esther (1999). Assessed of perceived self-efficacy on the internet: Data collection in cyberspace. *Anxiety, Stress & Coping: An International Journal*, 12(2), 145–161.
Scoular, Anne, & Linley, P. Alex (2006). Coaching, goal-setting and personality type. What matters? *The Coaching Psychologist*, 2(1), 9–11.
Shadish, William R., Navarro, Ana M., Matt, Georg E., & Phillips, Glenn (2000). The effects of psychological therapies under clinically representative conditions: A meta-analysis. *Psychological Bulletin*, 126(4), 512–529.
Sherman, Stratford, & Freas, Alyssa (2004). The Wild West of executive coaching. *Harvard Business Review*, 82(11), 82–90.
Smither, James W., London, Manuel, Flautt, Raymond, Vargas, Yvette, & Kucine, Ivy (2003). Can working with an executive coach improve multisource feedback ratings over time? A quasi-experimental field study. *Personnel Psychology*, 56(1), 23–44.
Stewart, Lorna J., Palmer, Stephen, Wilkin, Helen, & Kerrin, Maire (2008). The influence of character: Does personality impact coaching success? *International Journal of Evidence Based Coaching and Mentoring*, 6(1), 32–43.

Stiles, William B., Barkham, Michael, Mellor-Clark, John, & Connell, Janice (2008). Effectiveness of cognitive-behavioural, person-centred, and psychodynamic therapies in UK primary care routine practice: Replication in a larger sample. *Psychological Medicine, 38*(5), 677–688.

Sue-Chan, Christina, & Latham, Gary P. (2004). The relative effectiveness of external, peer and self-coaches. *Applied Psychology, 53*(2), 260–278.

Thach, Elizabeth C. (2002). The impact of executive coaching and 360° feedback on leadership effectiveness. *Leadership & Organization Development Journal, 23*(4), 205–214.

Theeboom, Tim, Beersma, Blanca, & van Vianen, Annelies E. M. (2014). Does coaching work? A meta-analysis on the effects of coaching on individual level outcomes in an organizational context. *Journal of Positive Psychology, 9*(1), 1–18.

Wampold, Bruce E. (2001). *The Great Psychotherapy Debate: Models, Methods and Findings*. Mahwah, NJ: Lawrence Erlbaum.

Über die Autoren

Erik de Haan is organisation development consultant, executive coach and supervisor. He is the Director of the Ashridge Centre for Coaching and programme leader of the Ashridge Master's (MSc) in Executive Coaching, and the Ashridge Postgraduate Certificate in Advanced Coaching and O.D. Supervision. Erik is also Professor of Organisation Development and Coaching at the VU University of Amsterdam. He has written more than a hundred-and-fifty articles and ten books in different languages, among which are Fearless Consulting (2006), Coaching with Colleagues (2004; with Yvonne Burger), Relational Coaching (2008), Supervision in Action (2011), Behind Closed Doors (2013) and The Leadership Shadow (2015).
E-Mail: erik.dehaan@ashridge.org.uk

Nadine Page ist Forschungsstipendiatin der Ashridge Business School, Berkhamsted/Großbritannien
E-Mail: nadine.page@ashridge.org.uk

Coaching als Chance oder Zwang: ein bilanzierendes Schlusswort

Marianne Hänseler

»*Es müsste demnach ein Stadium der Reflexion oder des Handelns geben, in dem das Individuum selbst notwendig von aller objektiven Geltung absieht und sich auf seine Subjektivität zurückgeworfen erfährt. [Dies ist] [...] dort zu verorten, wo das Handeln an Problemen zu scheitern droht. [...] Wo ein Handlungsproblem auftritt, wird ein Teil unserer Welt seiner Objektivität beraubt, desorganisiert; unsere Anstrengung richtet sich auf die Rekonstruktion dieser Objektivität, die aber nur durch eine kreative Eigenleistung zu erreichen ist.*«
(Joas, 1980, S. 83f.)

Ich bin von den Herausgebenden gebeten worden, die Beiträge dieses Bandes zu kommentieren und eine Bilanz zu ziehen. Was fällt auf, wenn man die in diesem Buch versammelten Texte namhafter Coaching-Forscher und -Theoretikerinnen liest? Oder anders formuliert: Welche übergreifenden Hypothesen erkenne ich bzw. kann ich daraus ableiten als Beobachterin zweiter Ordnung? Und *last but*

Dr. Marianne Hänseler (✉)
Fachhochschule Nordwestschweiz/Hochschule für Soziale Arbeit,
Institut Beratung, Coaching und Sozialmanagement, Olten, Schweiz
E-Mail: marianne.haenseler@fhnw.ch

not least: Welche weiteren Fragen und Einschätzungen ergeben sich für mich als Coach und Philosophin[1] daraus?

Die erste Feststellung ist: Coaching treibt uns um. Nicht alle, nicht alle gleich, aber immer mehr, in allen Berufsfeldern, Alterskategorien, Geschlechterrollen, Ländern und sozialen Gruppen. Auch wenn ich in der Türkei oder Zypern mit Einheimischen rede, haben sie schon einmal von diesem Beratungsformat gehört. Warum treibt uns Coaching um?

Mit dem Lesen und Wiederlesen der in diesem Band versammelten Texte drängt sich ein epistemischer Verdacht auf: *Coaching hat mit den aktuellen gesellschaftlichen Entwicklungen und Verhältnissen irgendwie viel mehr zu tun als irgendein anderes Beratungs- oder Bildungsformat,* sei es nun Psychotherapie, Psychoanalyse oder Management- bzw. Sozialberatung – oder eben Training, Lehre und Unterricht. Und es ist auch nicht nur eine weitere Spielart von selbstreflexiver bzw. persönlichkeitsbildender Beratung, mit der wir ja seit der Erfindung der Psychoanalyse bestens vertraut sind.

Warum nicht?

Im Folgenden greife ich Schlüsselwörter (als kondensierte Begriffe) in den Texten zu diesem Band heraus, die in der Beschreibung dieses »mehr« in Anschlag gebracht werden. Zudem werde ich die Aussagen dieser Begriffe jeweils pointiert in wenige Sätze fassen.

Da ist zum einen die Rede von »Unruhe« (Baecker), »flüchtiger, individualisierter Gesellschaft« (Baecker), von »Spiegel der neoliberalen Marktwirtschaft« (Hernandez Aristu), »Angst vor Bindung« (ebd.), »Enttraditionalisierung« (ebd.), von »Zumutung durch Pluralisierung der Lebensformen« (Loebbert, Klein & Rettich), »Verhaltensverunsicherungen« (Fietze), von »Coaching als Trostpflaster« (ebd.), »Selbstoptimierung« (ebd.) und »Optimierung von Selbstausbeutung« (Geißler). Coaching im Kontext der aktuellen gesellschaftlichen Systeme bedeutet, mit einer Prise Polemik formuliert: Willkommen in der postmodernen, neoliberalen Welt, in der eine kapitalistische Ökonomie fast alles bestimmt. Mit solchen Begriffen wird von den Autorinnen und Autoren eine kultur- und gesellschaftskritische Perspektive eingenommen, verbunden mit einer pessimistischen Einschätzung der Lage von Coaching in der Welt.

---

1 Methodisch greife ich neben philosophischem Handwerk (z.B. Begriffsklärung, Theoriebildung, Fragen) auch auf literaturwissenschaftliche und wissenschaftshistorische Vorgehensweisen zurück. Die oft verwendete »Ich-Form« orientiert sich am wissenschaftlichen Schreibstil US-amerikanischer Kolleginnen und Kollegen (vgl. exemplarisch Richard Rorty). Sie kann auch mit dem wissenschaftstheoretischen Ansatz von Donna Haraway (Stichwort »situiertes Wissen«) begründet werden.

Was bedeutet Coaching für die Menschen, die Subjekte von Coaching, die Klientinnen und Klienten? In diesem Zusammenhang finden sich folgende Stichworte: »Reflexion« (Baecker), »Kontextregie« (Loebbert, Klein & Rettich), »pragmatische Bastelmentalität« (Fietze), »Chance auf das Selbst« (Bauman, zitiert bei Geißler), »die eigene Subjektivität entdecken« (Baecker), »ethische Selbstbindung« (Geißler), »menschliche Identität als Aufgabe« (Hernandez Aristu), »Anspruchssteigerung an die persönliche Lebensführung« (Fietze), und bei Page und de Haan auch: »Coaching verleiht heute Ansehen«. Das klingt schön und vielversprechend. Und: Es geht um nicht weniger als ums Ganze: um die Entdeckung, Entwicklung und Reflexion des Selbst bzw. der eigenen Subjektivität – diese jedoch kontextualisiert und nicht als Substanz gedacht. Die Bilanz dieser subjekttheoretischen Sichtweise fällt in der Tendenz durchaus positiv aus.

Wird Coaching organisational situiert, ist die Einschätzung weniger eindeutig, eher ambivalent: »Ist Organisation auf den Erfolgsfall von Coaching überhaupt vorbereitet?« (Loebbert, Klein & Rettich) ist da zu lesen, von »dann würde es eben im Coaching darum gehen, eine rollenadäquate Formulierung dieser Emotionen wie Frustration oder Empörung zu gestalten« (ebd.) ist die Rede und von einer neuen »Verschränkung von Privatsphäre und Arbeitswelt« (Fietze). Hier wird – wie die Autorinnen und Autoren selbst hervorheben – ein Spannungsfeld zwischen gecoachtem Individuum und dynamischer Organisation identifiziert, von dem noch unklar ist, ob es konstruktiv oder destruktiv gestaltet werden kann.

Wenn ich die Beiträge in diesem Band zuspitze und zugleich verallgemeinere, lassen sich zwei Schlüsse ziehen, die sich natürlich widersprechen.

Zum einen drängt sich aus kulturtheoretischer Perspektive der Schluss auf, dass Menschen mit zunehmender Verbreitung von Coaching, ganz ähnlich wie nach der «Erfindung» der Psychoanalyse oder der Evolutionstheorie, lernen müssen, sich in dieser Welt ganz anders als Subjekte zu denken, zu leben und zu erfahren im Verhältnis zur Natur bzw. zu Grenzen. Stichworte dabei sind: Funktionalität, Rollenbewusstsein, systemisch, prozesshaft, Selbstwirksamkeit und Selbstverantwortung. Coaching bedeutet so die Erfindung einer neuen Form bzw. Formierung von Subjektivität: einer relationalen, handlungsorientierten, ereignishaften Subjektivität. Zugleich die Innovation einer Kulturtechnik, die Subjektivität als eine spezifische Form des Selbstverhältnisses praktiziert. Dieses »Selbstverhältnis« könnte so formuliert sein: Wir problematisieren weniger uns und die Dinge, wie wir und sie sind, und konstruieren mehr, wie wir sein könnten. Statt kritisch-analytischer nun konstruktiv-systemische Selbstreflexion. Noch gewagter, könnte man von einem Paradigmenwechsel ganz im Sinne von Thomas Kuhn sprechen, in dem Erkenntnis- und Wahrnehmungsmuster sich neu konstellieren bzw. durch Einübung gebildet und internalisiert werden.[2]

Die Närrin jedoch kommt zu einer anderen, ernüchternden Folgerung (die auch von einigen Autorinnen und Autoren dieses Buches formuliert wird): Unter dem Deckmantel der ach so schönen Selbstwirksamkeit lernen die Menschen jetzt, ihre Begabungen und Kräfte ganz in den Dienst einer scheinbar funktionalen Arbeitswelt zu stellen, die sie nur noch unverschämter ausbeutet, indem sie ihnen Freiheit vorgaukelt, wo es nur um ökonomische Selbstoptimierung zugunsten der Arbeitgeber geht. Die verheißungsvolle Aufklärung und Emanzipation der Menschen mündet in eine neoliberale Subjektwerdung unter dem Primat der Marktwirtschaft.

Leistet Coaching wirklich einen Beitrag zu einer etwas besseren Welt, oder hilft es, umgekehrt, ein ungerechtes, ausbeuterisches System zu erhalten und zu stabilisieren? Ein perfides System zudem, das den naiven Subjekten Freiheit vorgaukelt, jedoch eigentlich Selbstausbeutung meint? Und leistet Coaching, leisten wir als Coaches einen Beitrag dazu, dass unsere Kundinnen und Kunden jeden Tag noch etwas besser werden in der Kunst der Selbstausbeutung – und wir sprechen dann von »Bewusstseinsentwicklung« und »Potenzialentfaltung«? Es sind diese Fragen, die mich am Ende dieses Buches (und manchmal auch am Ende eines Arbeitstages) umtreiben. Und die ich hier bewusst offenlassen will.

1 Beziehung, Subjektivität, Humanität und blinder Fleck

Im Folgenden greife ich drei besonders aufschlussreiche Hypothesen bzw. schöne Fundstücke aus den Beiträgen meiner Kolleginnen und Kollegen heraus, kommentiere sie oder spinne sie weiter – und weise dann auf einen blinden Fleck hin.

Beziehung und flüchtige Gesellschaft: Page und de Haan zeigen, basierend auf neueren Studien, dass erfolgreiches Coaching im Medium von Beziehung funktioniert: »die Beziehung zwischen Klient und Coach [ist] der Schlüsselfaktor«, und weiter: »entscheidend ist jedoch die Beziehung, die zwischen dem Klienten und dem Coach entsteht. Sie hat den größten Einfluss auf das Coaching-Ergebnis«. Diese Zitate lassen aufhorchen. Erstens: Wenn Coaching so sehr Hilfe in einer

---

[2] Vgl. Kuhn (1976), insbesondere das Nachwort. Darin verweist Kuhn nochmals auf die unterschiedlichen Bedeutungen des »Paradigma«-Begriffs. Insbesondere entwickelt er dort einen Begriff von »Paradigma«, mit dem er den Erwerb neuer Erkenntnis- und Wahrnehmungsmuster durch Einüben von exemplarischen Mustern (wie in der Mathematik) bezeichnet.

individualisierten, ökonomisierten, flüchtigen Gesellschaft ist, weshalb kommt wiederum »Beziehung« ins Spiel, deren Verlust in einer enttraditionalisierten und globalisierten Welt ja postuliert wurde? Und weshalb nicht nur »Beziehung«, sondern noch stärker: »stabile Beziehungen«? Übernimmt Coaching in einer postmodernen Welt eine Kompensationsaufgabe? Analog lässt sich fragen, weshalb das Versprechen auf unser »Selbst«, auf Selbstentwicklung und Selbstreflexion als Individuen in einer bindungslosen Netzwerkwelt gerade in einem primär relationalen Format (Coaching als Arbeitsbeziehung) eingelöst wird?

Subjektivität, Selbstreflexion und Sozialität: Coaching bedeutet eine handlungsorientierte Praxis, in der – so Baecker – eine Art von Subjektivität eingeübt, ja entworfen, konstruiert wird, die hilft, mit Vielfalt[3] und situativ[4] zu leben und zu denken. Ähnlich wie Baecker beschreibt Fietze Coaching als »reflexive Prozessberatung«, in der die Interaktionen zwischen Coachee und Coach jeweils neu das gesuchte »Orientierungswissen« hervorbringen (Fietze). Und sie zeigt auf, inwiefern die im Coaching praktizierte Selbstreflexion kulturhistorisch von den verschiedenen psychotherapeutischen Strömungen des zwanzigsten Jahrhunderts vorbereitet wurde: »Die Einübung in eine psychologisch angeleitete Selbstbetrachtung förderte eine allgemeine Bereitschaft und Befähigung zur Selbstreflexivität« (Fietze). Anders jedoch als diese fokussiert sich in der Prozessberatung das beratene Individuum nicht intrapsychisch, sondern auf »die feinmaschige Einbindung in die [...] organisationalen Strukturen« (Fietze). Es geht folglich nie um selbstbezügliche Selbstoptimierung, sondern um die funktionale Verbesserung der Verbindung von Person und Organisation.

Wenn ich den Text von Baecker lese, dann wird mir klar, dass Coaching hilft, uns einzuüben in Flexibilität, Hingabe, Elastizität, Hingabe, Offenheit und Anpassung – und zugleich auch in das Andere dieses Einen, in Selbstbestimmung, Strukturierung (Ziele, Pläne!) und Fokus, Realität, Freiheit. Und dies alles nicht nur intrasubjektiv in der Selbstbeziehung, sondern eben gerade vor allem in Interaktionen – gelebten, verhandelten, beweglichen Beziehungen: wir als soziale Wesen. Genau auf diesen entscheidenden Punkt des Gesellschaftlichen weist auch Fietze hin, wenn sie die spezifisch prozesshafte, fluide, selbstreflexive Subjektivität hinsichtlich der sozialen Dimension deutet und von Coaching als »Rückkehr des Sozialen in die Selbstreflexion der Einzelnen« (Fietze) spricht.

---

3 Vgl. dazu Baecker in diesem Band: »Coaching ist eine Praxis gewordene Einsicht in die Unmöglichkeit einer Einheit«.
4 Vgl. dazu wiederum Baecker: »Man wüsste so gerne, wer Ross und Reiter sind; doch wichtiger ist der Sinn für Gehege, Parcours und Hindernisse«.

Sinn und Humanität: Geißler und Stelter geben je eine Antwort auf die Frage, wie Coaching genutzt werden kann, sodass es primär den Menschen dient und nicht der Marktwirtschaft. Ihrer Ansicht nach ist Coaching als Beratungsformat diesbezüglich noch weiterzuentwickeln und auch durch die Berufsverbände, so Geißler, klarer zu positionieren. Coaching soll, so Stelter, als Performance-Beratungsformat transformiert werden, Themen wie Werte, Sinn, Identität sind wichtige Eckpunkte im Third Generation Coaching. Laut Geißler muss Coaching, um der Gefahr zu entkommen, dass es der optimierten Selbstausbeutung dient, als humanistisches Bildungsformat vor dem Hintergrund pädagogischer und aufklärerischer Bildungsideale konzeptualisiert werden. Als solches kann es als humanistisches Bildungs- und Lernformat verstanden und damit nicht mehr ausschließlich ökonomisch utilisiert werden.

Blinder Fleck: Eine Hypothese fehlt; das liegt aus gesellschaftlicher Perspektive auf der Hand, wenn man bedenkt, wie sich die Geschlechterverhältnisse in den letzten dreißig Jahren in Europa und Nordamerika verändert haben: Coaching antwortet im Medium der Beziehung auf den Wegfall patriarchal geprägter Autorität. In der Führung, in der Begleitung von Lehrlingen, in der Schule, ja selbst in der Kirche, überall dort, wo früher männliche Autoritätsfiguren (Patrons, Chefs, Väter, Pfarrer, Lehrer) qua Geschlecht und Position Macht und Bestimmung ausübten und Orientierung vermittelten, ist eine Leerstelle entstanden (vgl. dazu auch Fietze in diesem Band). Sie wird jedoch nicht durch neue Autoritäten ersetzt, vielmehr wird Autorität im Medium der Beziehung auf Augenhöhe neu definiert und gelebt.[5] Bemerkenswert ist, dass dabei Eigenschaften oder Qualitäten, die früher (und heute auch noch teilweise undifferenziert…) Frauen attribuiert wurden, etwa Kommunikation, Einfühlungsvermögen, Flexibilität, Sozialkompetenzen und anderes, als Schüsselfaktoren für Coaching (und Führung) bezeichnet werden.

2 Offene Fragen, subjektive Einschätzungen – und Schluss

Als Wissenschaftstheoretikerin treibt mich eine Frage um, die Frage nach den Forschungsweisen, die dem Coaching-Gegenstand angemessen wären. Coaching steht, wissenschaftstheoretisch gedacht, für Intersubjektivität (statt archimedischer Objektivität), Mehrperspektivität und Mehrdeutigkeit (statt Eindeutigkeit), für Pragmatik (statt Prinzipien), Konstruktivismus (statt Kritik und Realismus bzw. Positivismus), Konstruktivität (statt Erklärungen, Ursachen, Gründen). Wel-

---

5   Vgl. exemplarisch Omer & von Schlippe (2004).

che Form von Wissenschaft wäre dann passend zu Coaching als Praxis? Wie kann ein hochgradig subjektiver und prozessualer »Gegenstand« (Gegenstand ist hier schon zu viel gesagt, deshalb die Anführungszeichen) wissenschaftlich adäquat untersucht werden, wohlwissend, dass wir auch als Forscher/innen konstruieren und nicht entdecken?[6]

Wem diese neue Art von Subjektivität nützt, die flüchtig ist und flüchtig bleiben wird (bzw. eben »prozesshaft«), und ob sie sich gut anfühlt (»Beute ich mich selbst aus, oder entwickle ich mich positiv?«), das kann niemand zurzeit endgültig entscheiden – allgemein gesagt.[7] Das allgemeinere Urteil bzw. das Wissen, wie es wirklich ist, wird sowieso erst, wie Baecker darlegt, nachträglich möglich sein.[8] Nur jetzt, hier und jetzt, entscheiden das ganz viele, je für sich – folglich wäre immer eine Vielfalt von Perspektiven in Forschung und Praxis in Anschlag zu bringen. Die einen reden von Selbstausbeutung und Zumutung, die anderen von holistischer Selbstbewusstseinsentwicklung und Entdeckung der eigenen Subjektivität – jetzt und hier und morgen wieder anders. Als idealistische Philosophin glaube ich lieber den Letzteren, als kritische Denkerin scheint mir die erste Position attraktiver. Doch das sind theoretische Einstellungen. Als praktizierende und pragmatische Coach halte ich es eher mit Feyerabend: anarchistisch-subjektorientiert: Das kann doch meine Coachee am besten sagen, dass und wie Coaching bei ihr wirkt![9]

Kontext heißt hier, dass es eben auch dringend vergleichende Forschung braucht zu unterschiedlichen Praxisfeldern (z.B. Führungskräftecoaching und Coaching in der Sozialen Arbeit, Coaching von Kindern versus Coaching von Erwachsenen u.a.) und (Loebbert, Klein und Rettich weisen darauf hin) in unterschiedlichen Organisationstypen (Verwaltung, privatwirtschaftliche, globalisierte Organisation, staatliche Bildungsinstitution), dynamisch-globalisierte Organisationen versus hierarchisch-statische Institutionen (Non-Profit versus Profit usw.). Wir benötigen mehr situiertes und reflektiertes Wissen aus quantitativen und qualitativen Studien zu unterschiedlichen Coachees.

Meine Einschätzung ist, dass wir nicht einheitlich in der individualisierten und flexibilisierten Gesellschaft leben, sondern vielmehr zwischen traditional-patriarchal geprägter Gesellschaft und einer Gesellschaft, die Individualität, Chancengleichheit und Emanzipation verwirklichen möchte. Da ist die Wissenschaftlerin

---

6   Vgl. dazu auch eindrücklich Fromm, Suzuki & de Martino (1972) sowie Devereux (1984).
7   Vgl. dazu den Artikel von Harald Geißler in diesem Band.
8   Vgl. zur Figur der epistemologischen Nachträglichkeit auch Rheinberger 2001.
9   Vgl. dazu Feyerabend (1995), S. 122ff.

und angehende Mutter, die dank lösungsorientiertem Coaching Kraft aus ihrer Selbstwirksamkeit schöpft und selbstbestimmte Bilder von Mutterschaft entwirft, jenseits traditionell-konservativer Normen, die sie als schwächend erfährt und die teilweise an sie herangetragen werden. Da sind männliche Führungskräfte, die im Coaching bewusst eine neue Führungsrolle und ein zeitgemäßes, wirkungsvolles Führungsverständnis entwickeln, jenseits von autoritären und militärisch-geprägten Führungsvorstellungen und -praktiken ihrer älteren Vorgesetzten. Diese Beispiele stehen für mich für die Gleichzeitigkeit von Persistenz und Wandel. Diese Denkfigur von Andrea Maihofer[10] trifft für mich exakt einen Punkt, der mir teilweise in den Beiträgen dieses Bandes fehlt: dass »unsere« Gesellschaft nicht so homogen ist und dass traditionale Normen, Praktiken, Muster und Bilder nach wie vor wirksam sind. Und dass die Leistung jedes einzelnen Menschen darin besteht, in dieser Vielfalt irgendwie zurechtzukommen: sich über Wasser zu halten (oder eben nicht), dies als Chance für Selbstentwürfe zu nutzen (oder/und daran zu scheitern), sich an der Vielfalt und Heterogenität zu freuen oder diese zu fürchten und in Eindeutigkeiten Halt zu finden (die Nation, die Sekte, die Frau/der Mann usw.).

Im Coaching üben wir, die Zumutungen, Chancen, Herausforderungen, Überforderungen, Mehrdeutigkeiten moderner, heterogener, vielfältiger kapitalistischer Gesellschaften auszuhalten, anzunehmen, uns dazu in ein Verhältnis zu setzen und Distanz dazu zu gewinnen – um Raum und Zuspruch zu erhalten, uns selbst zu spüren und wieder zurückzukehren, um Gestaltungsspielräume und Möglichkeiten wirklich für uns zu nutzen. Weil wir, wie dies Hans Joas (vgl. Motto zu Beginn) prägnant formuliert, in problematischen Situationen die Orientierung verlieren und diese wieder durch kreative Eigenleistung selbst herstellen müssen. Dreh- und Angelpunkt ist und bleibt dabei unsere Subjektivität, unser Selbst – prozessual und interaktiv gedacht.

Damit uns dies als Menschen und nicht nur als Arbeitskräfte gelingen kann, wäre – so meine Kolleginnen und Kollegen nun aufs Kürzeste zusammengefasst – Coaching als humanistisch geprägtes Beratungsformat zu konzeptualisieren (Geißler), wären vermehrt sinnhafte Themen im Coaching auf narrative Weise zu bearbeiten (Stelter), wäre der organisationale Kontext mit seinen Ambivalenzen einzubeziehen (Loebbert, Klein, Rettich), wäre Subjektivität zu entwerfen (Baecker), wäre die Rückkehr des Sozialen im selbstreflexiven Coaching zu sehen (Fietze) und wäre schließlich Coaching als Bewusstseinsentwicklung zu praktizieren (Hernandez Aristu). So bleibt also, glücklicherweise, noch einiges zu tun. Zugleich zeichnet sich doch klarer als auch schon ab: Coaching wird uns noch eine

---

10 Grisard, Jäger & König (2013), S. 15.

Weile umtreiben, und wir erkennen immer besser, weshalb. Dazu leisten gerade die Texte dieses Bandes einen wesentlichen Beitrag, indem sie organisationstheoretische, kulturtheoretische und soziologische Forschung nutzen, um Coaching als neuartiges Beratungsformat zu deuten.

Literatur

Devereux, Georges (1984). *Angst und Methode in den Verhaltenswissenschaften*. Frankfurt am Main: Suhrkamp.
Feyerabend, Paul K. (1995). *Über Erkenntnis. Zwei Dialoge*. Frankfurt am Main: Fischer.
Fromm, Erich, Suzuki, Daisetz Teitaro, & de Martino, Richard (1972). *Zen-Buddhismus und Psychoanalyse*. Frankfurt am Main: Suhrkamp.
Grisard, Dominique, Jäger, Ulle, & König, Tomke (Hrsg.) (2013). *Verschieden sein. Nachdenken über Geschlecht und Differenz*. Sulzbach/Taunus: Helmer.
Haraway, Donna (1988). Situated Knowledges. The Science Question in Feminism and the Privilege of Partial Perspective, in: Feminist Studies, Vol. 14, No.3., S. 575-599.
Joas, Hans (1980). *Praktische Intersubjektivität. Die Entwicklung des Werkes von G. H. Mead*. Frankfurt am Main: Suhrkamp.
Kuhn, Thomas S. (1967). *Die Struktur wissenschaftlicher Revolutionen*. Frankfurt am Main: Suhrkamp.
Omer, Haim, & Schlippe, Arist von (2004). *Autorität durch Beziehung. Die Praxis des gewaltlosen Widerstands in der Erziehung*. Göttingen: Vandenhoeck & Ruprecht.
Rheinberger, Hans-Jörg (2001). *Experimentalsysteme und epistemische Dinge. Eine Geschichte der Proteinsynthese im Reagenzglas*. Göttingen: Wallstein.
Rorty, Richard (1999). *Bemerkungen zu Dekonstruktion und Pragmatismus*. In: Mouffe, Chantal (Hg.): *Dekonstruktion und Pragmatismus*. Wien: Passagen Verlag. S. 37-47.

Über die Autorin

Marianne Hänseler, Dr. phil., promovierte 2007 mit einer interdisziplinären Dissertation (Philosophie und Wissenschaftsgeschichte) zur Rolle von Metaphern in wissenschaftlichen Erkenntnisprozessen an der Universität Zürich. Sie war Visiting Scholar an der University of Stanford (USA) von 2002-2003, gefördert vom Schweizerischen Nationalfonds. Von 2003-2012 war sie Koordinatorin des Bundesprojektes „Netzwerk Gender Studies" am Zentrum Gender Studies der Universität Basel; zudem Lehrbeauftragte an den Universitäten Zürich und Basel. Heute ist sie freiberufliche Coach und Supervisorin BSO, hat einen Master of Advanced Studies in Coaching und Supervision (zhaw), und ist wissenschaftliche Mitarbeitern und Dozentin für Coaching an der Fachhochschule Nordwestschweiz.
E-Mail: marianne.haenseler@fhnw.ch, Internet: www.coaching-studies.ch

The manufacturer's authorised representative in the EU is Springer Nature Customer Service Centre GmbH, Europaplatz 3, 69115 Heidelberg, Germany. If you have any concerns regarding our products, please contact ProductSafety@springernature.com

Printed and bound by CPI Group (UK) Ltd, Croydon, CR0 4YY
25/03/2026
02078175-0015